This Book Belongs to

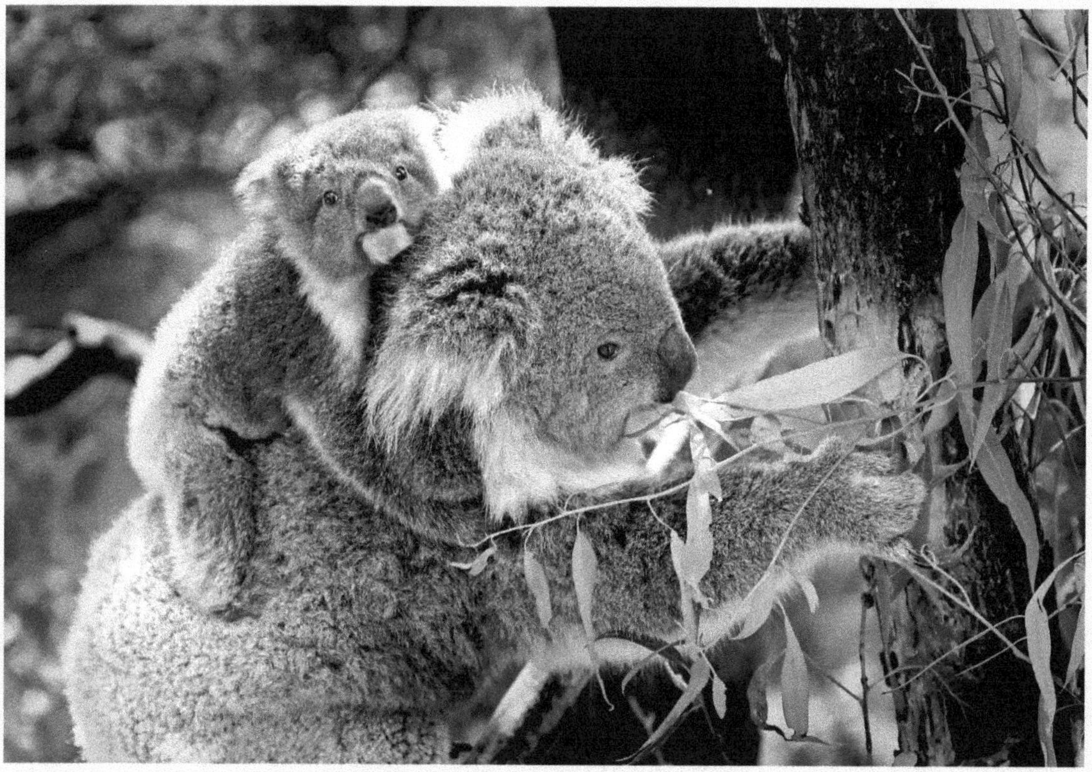

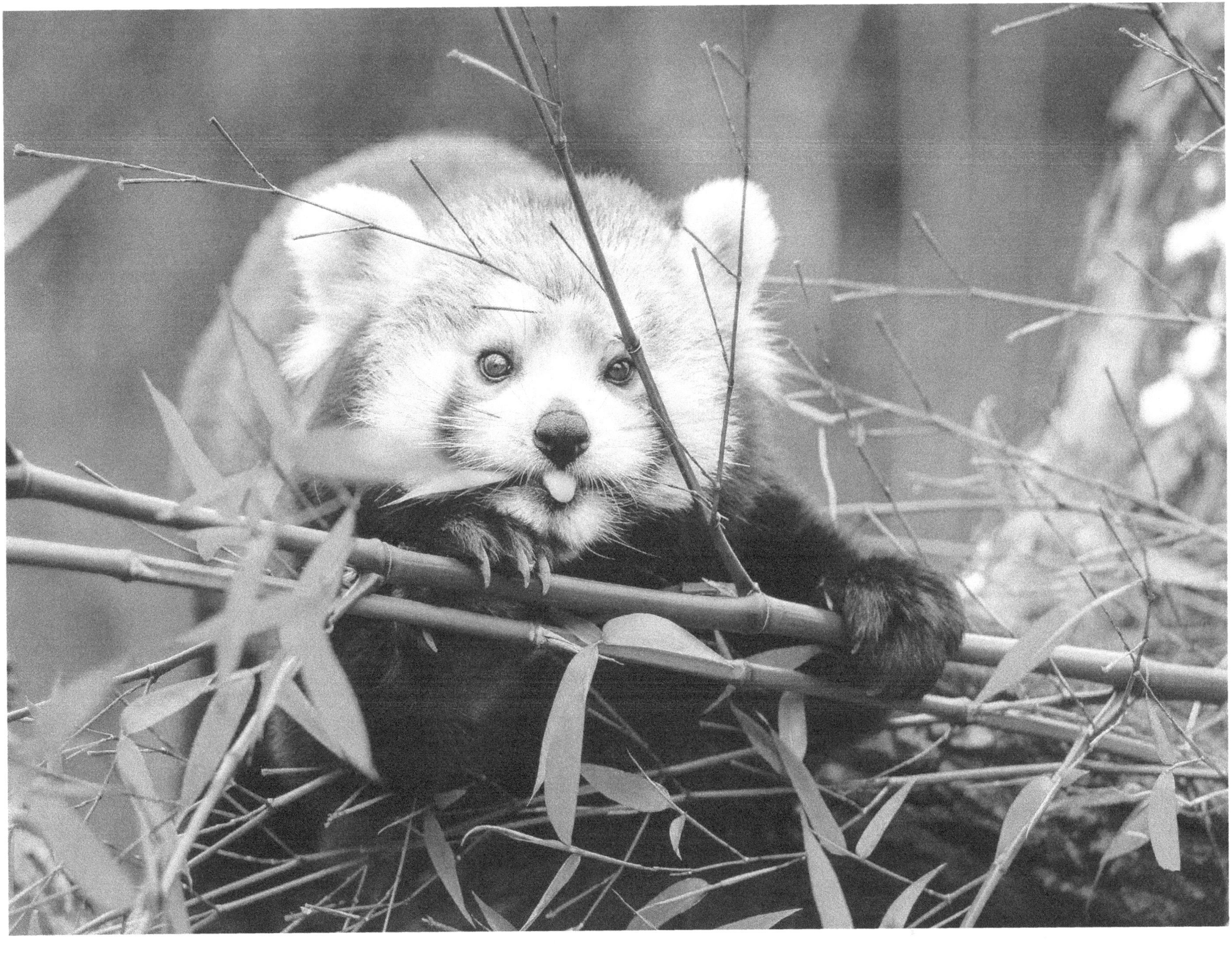

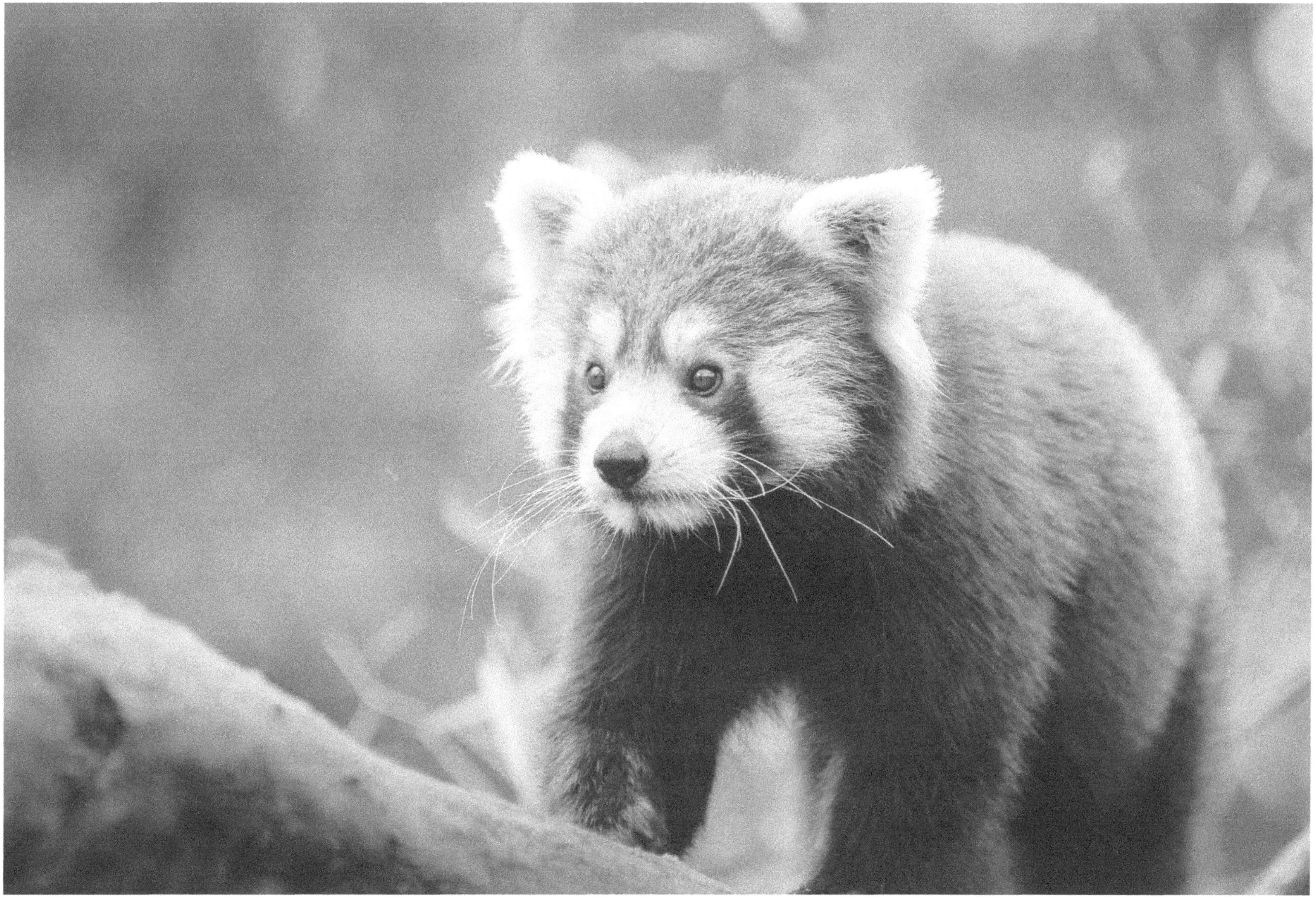

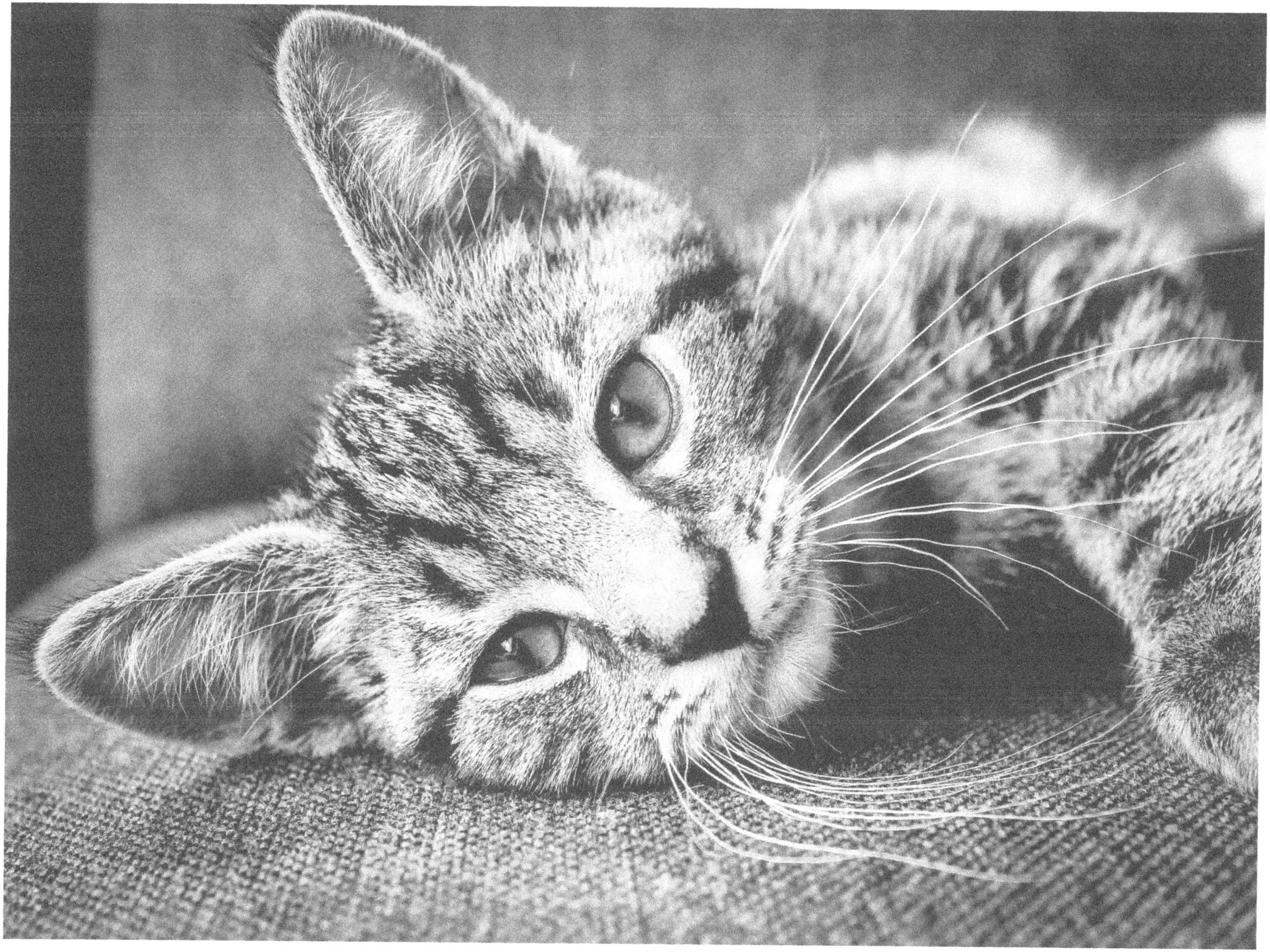

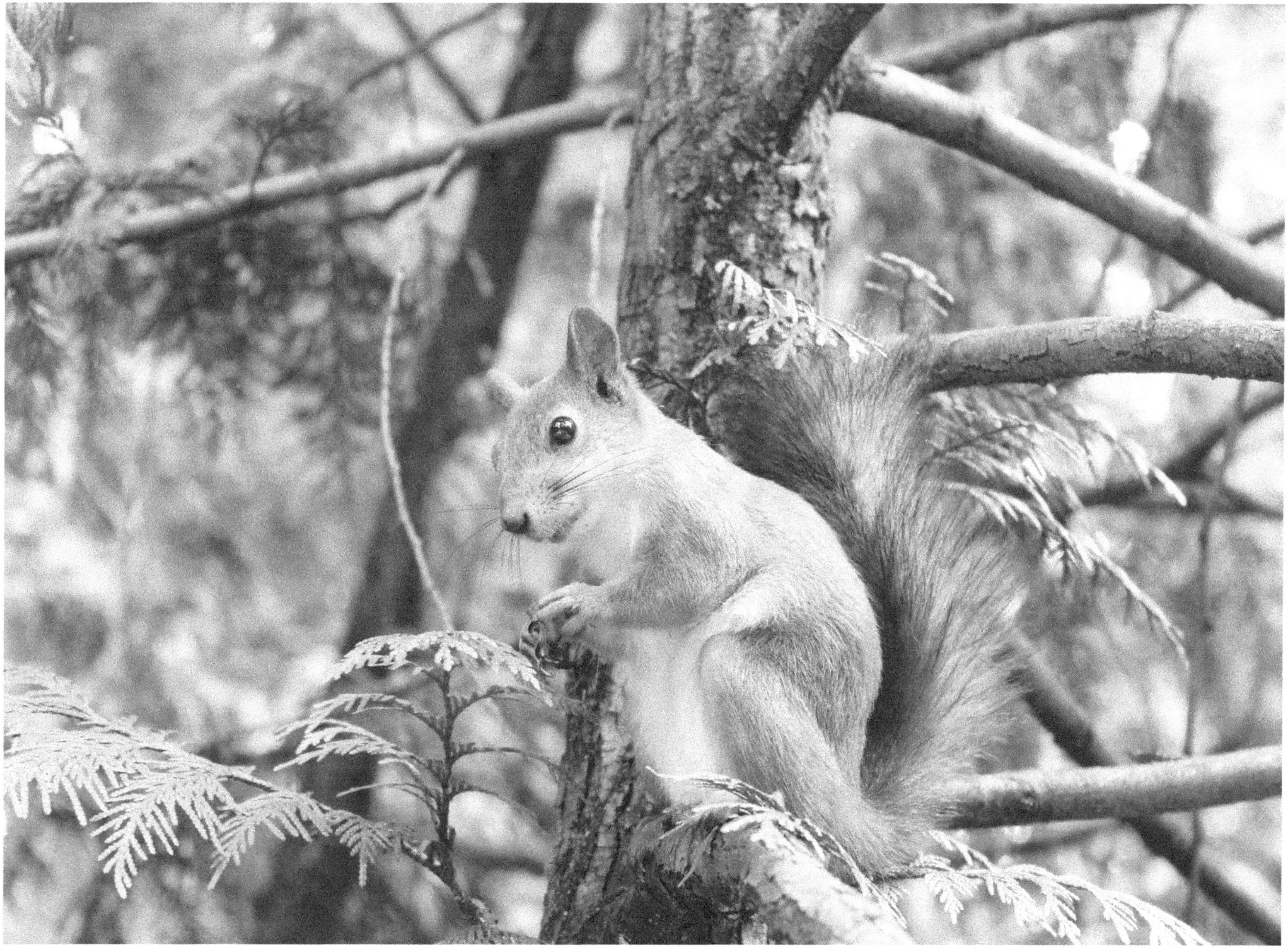

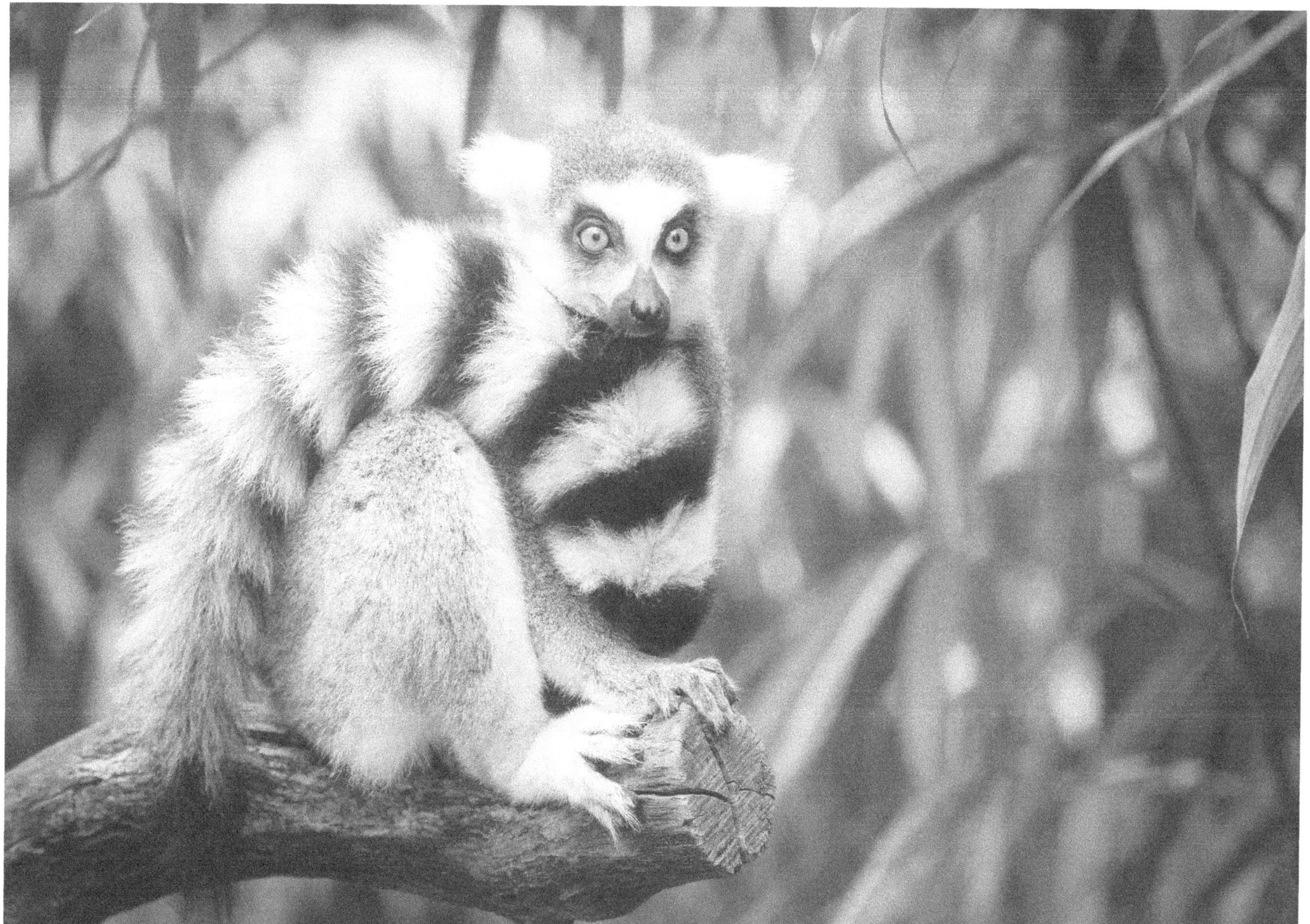

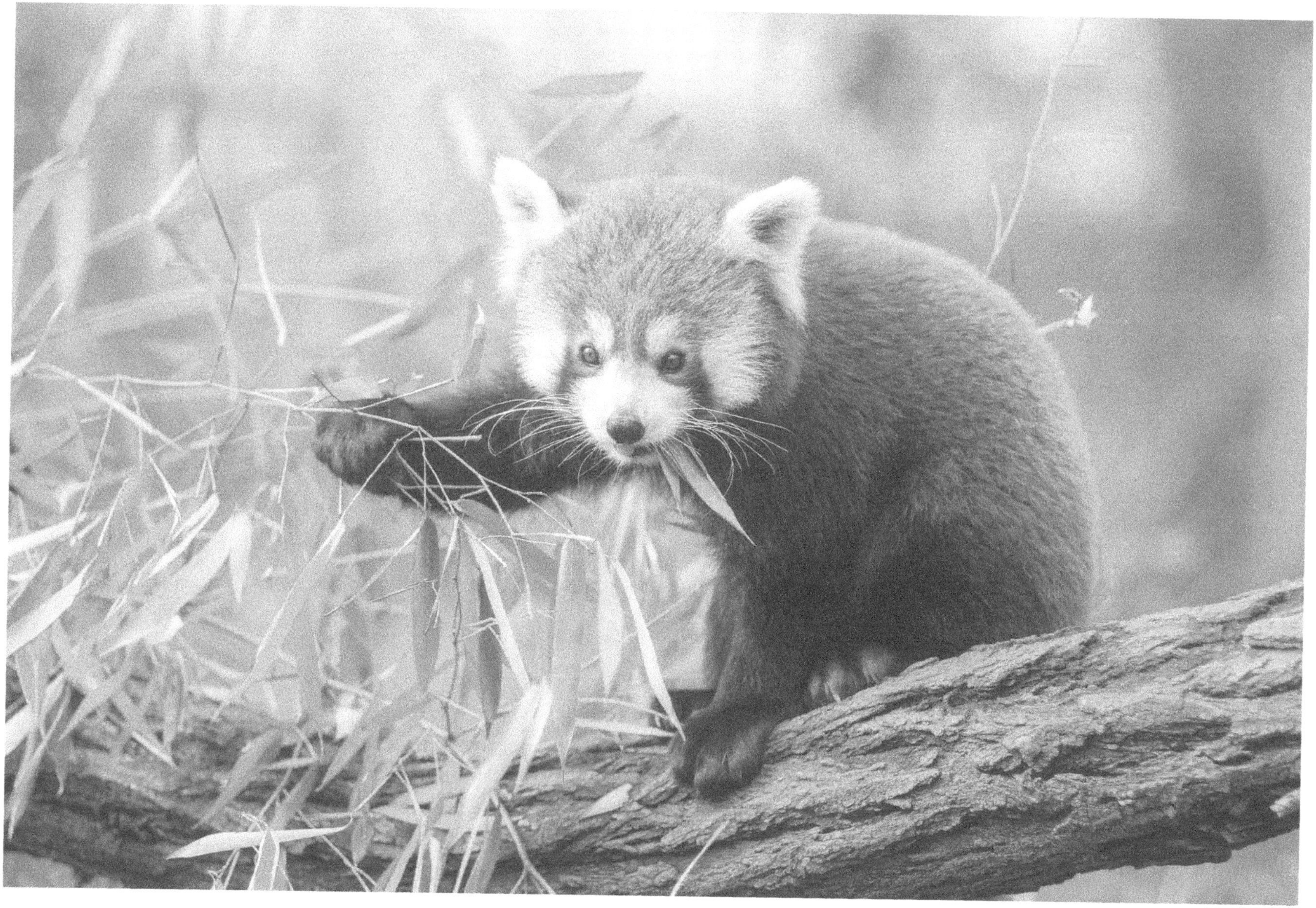

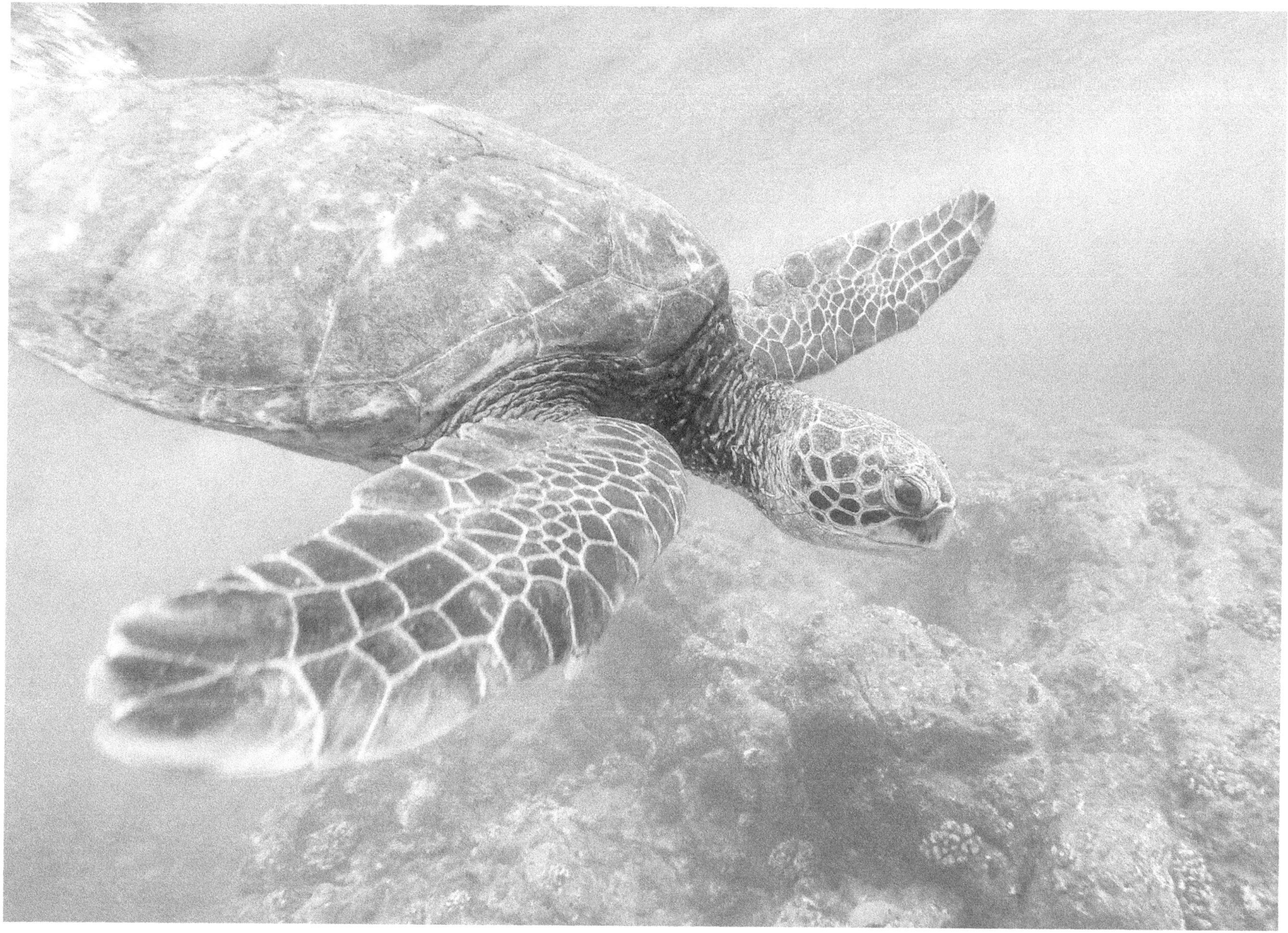

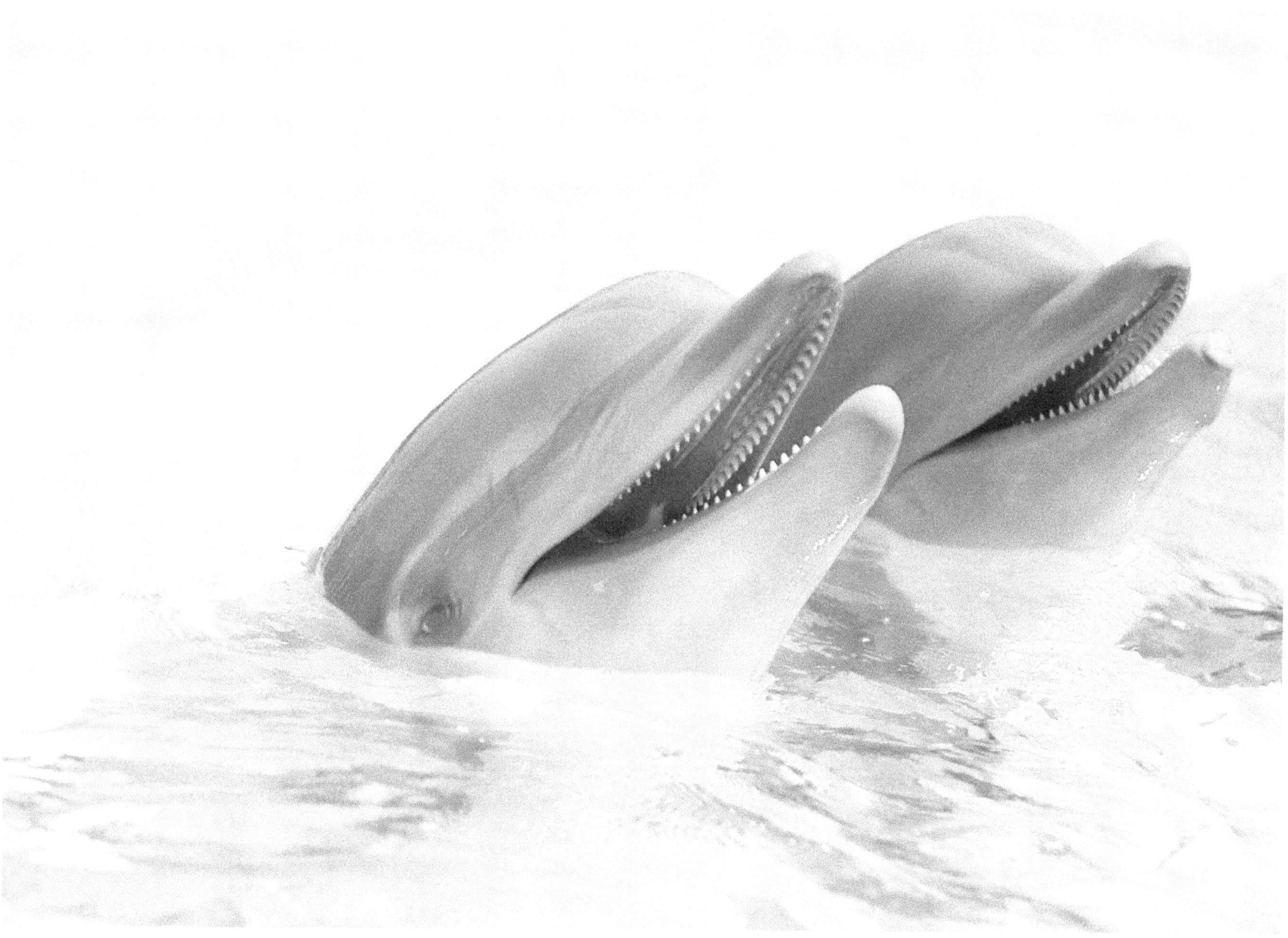

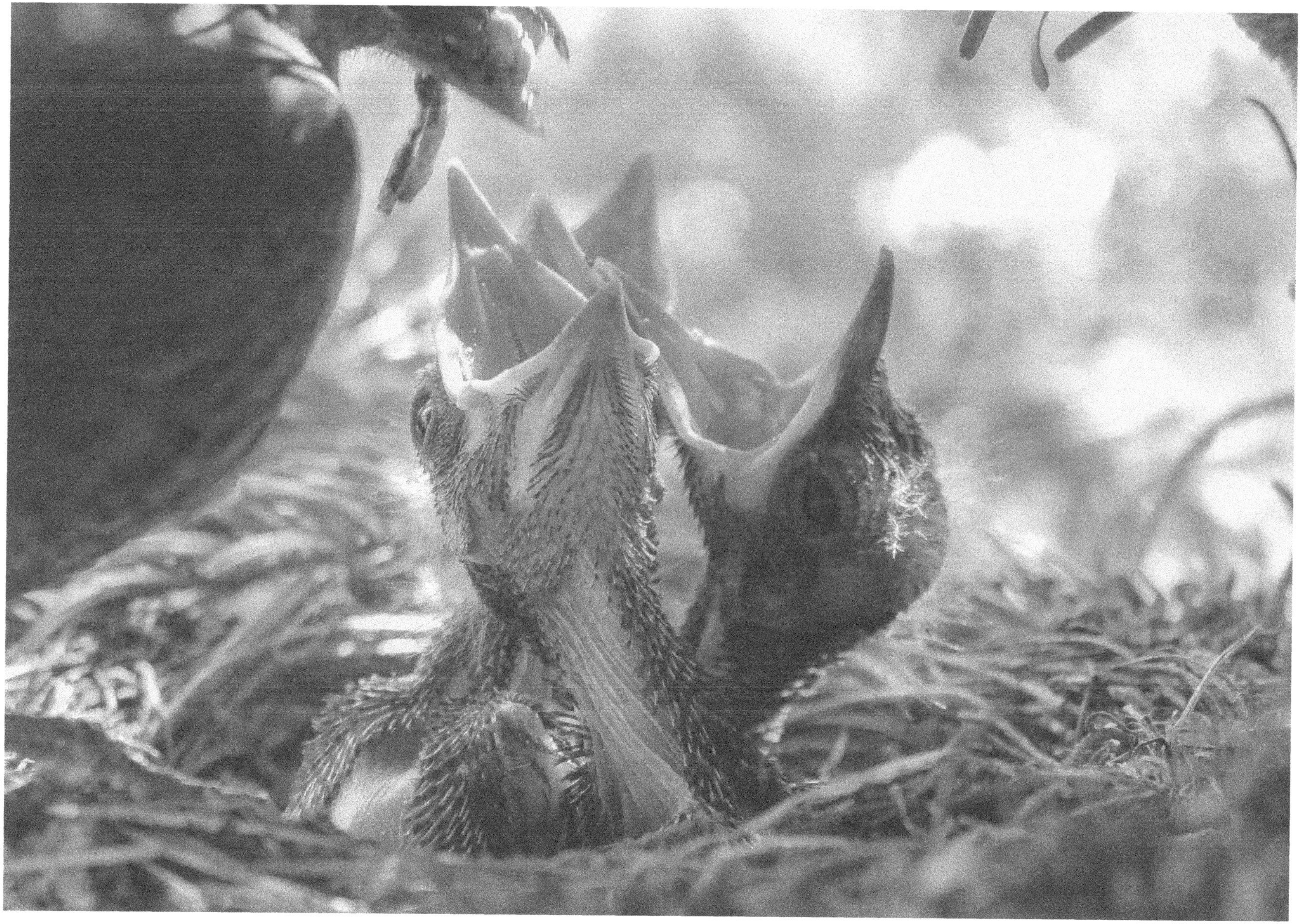

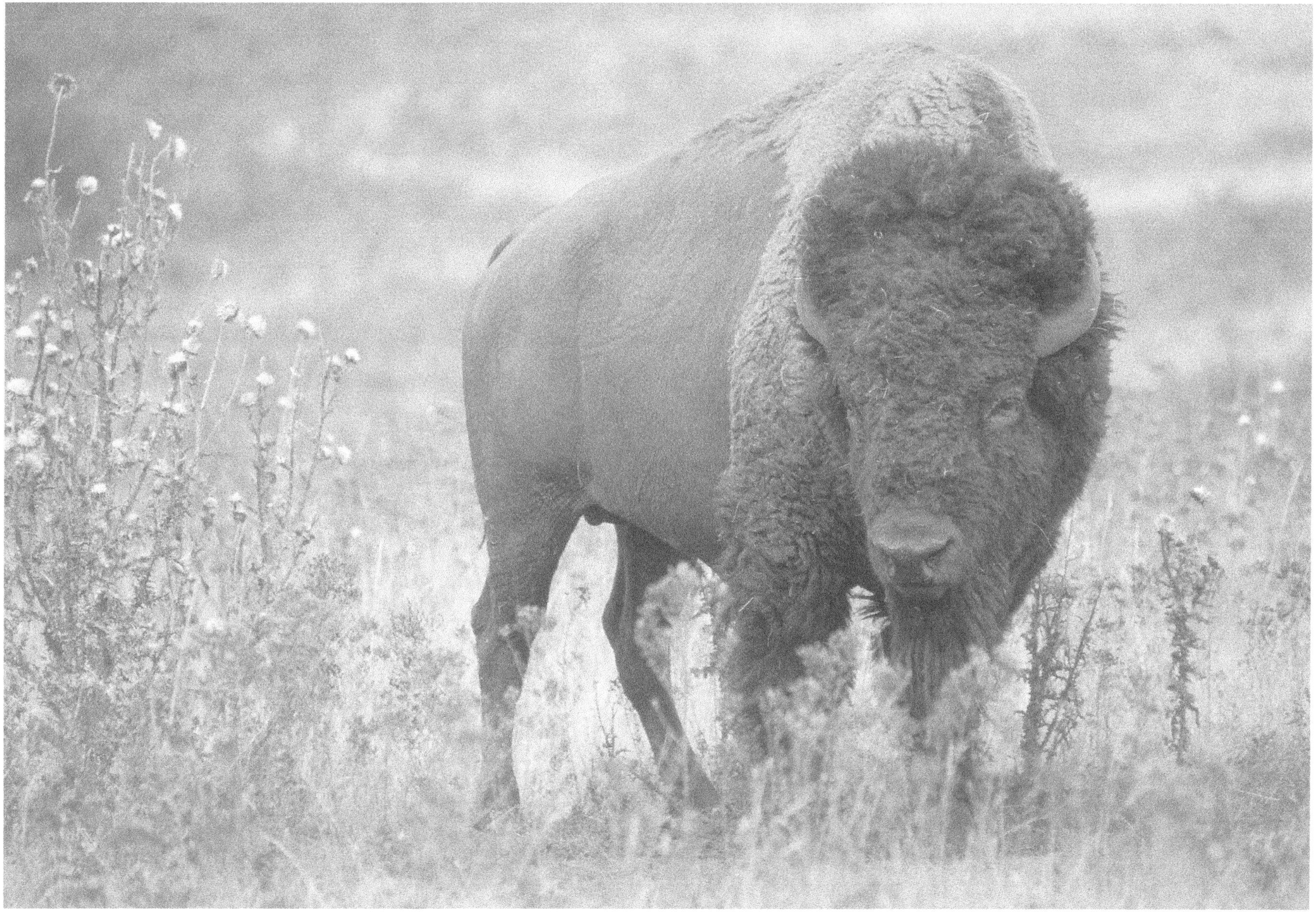

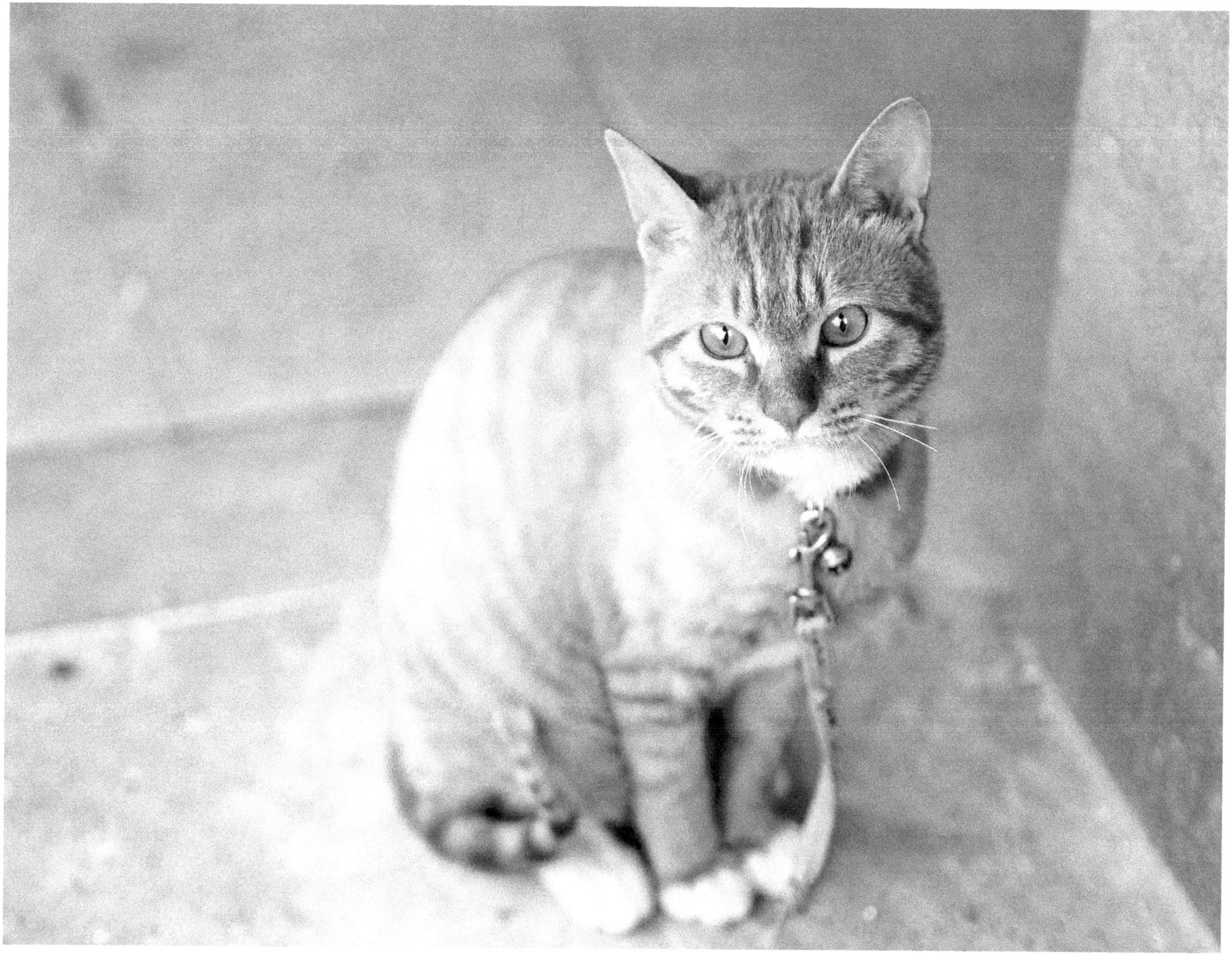

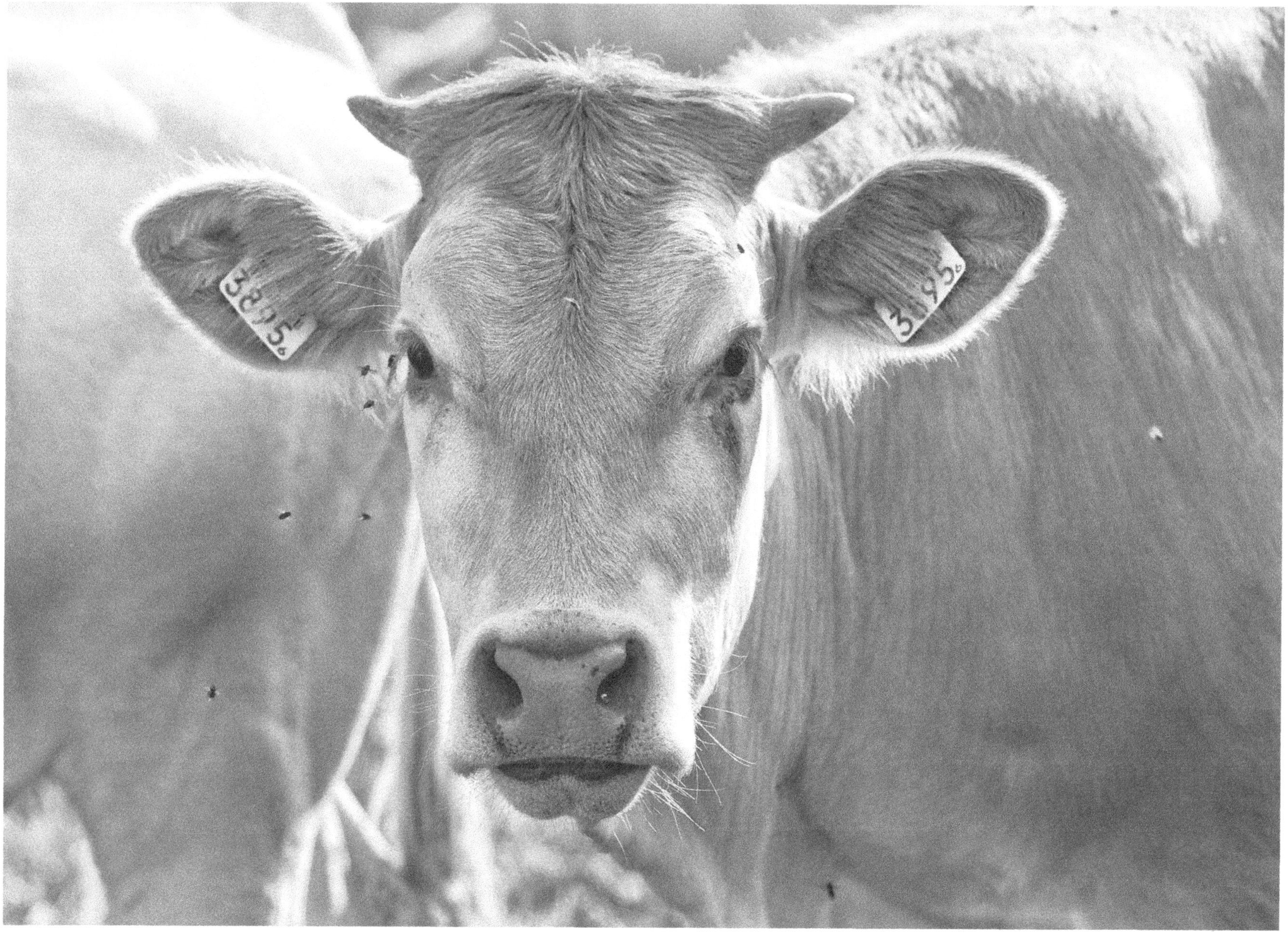

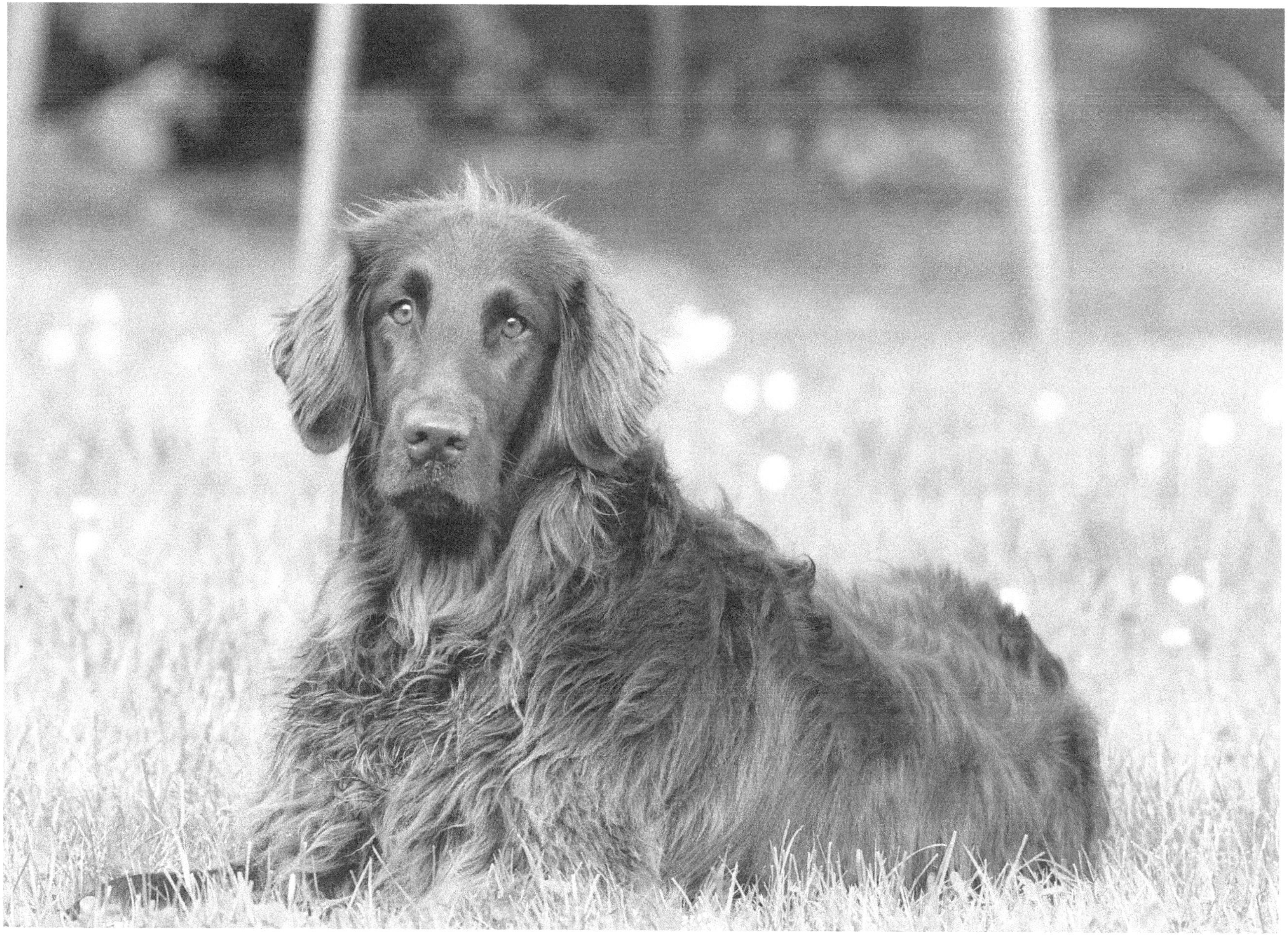

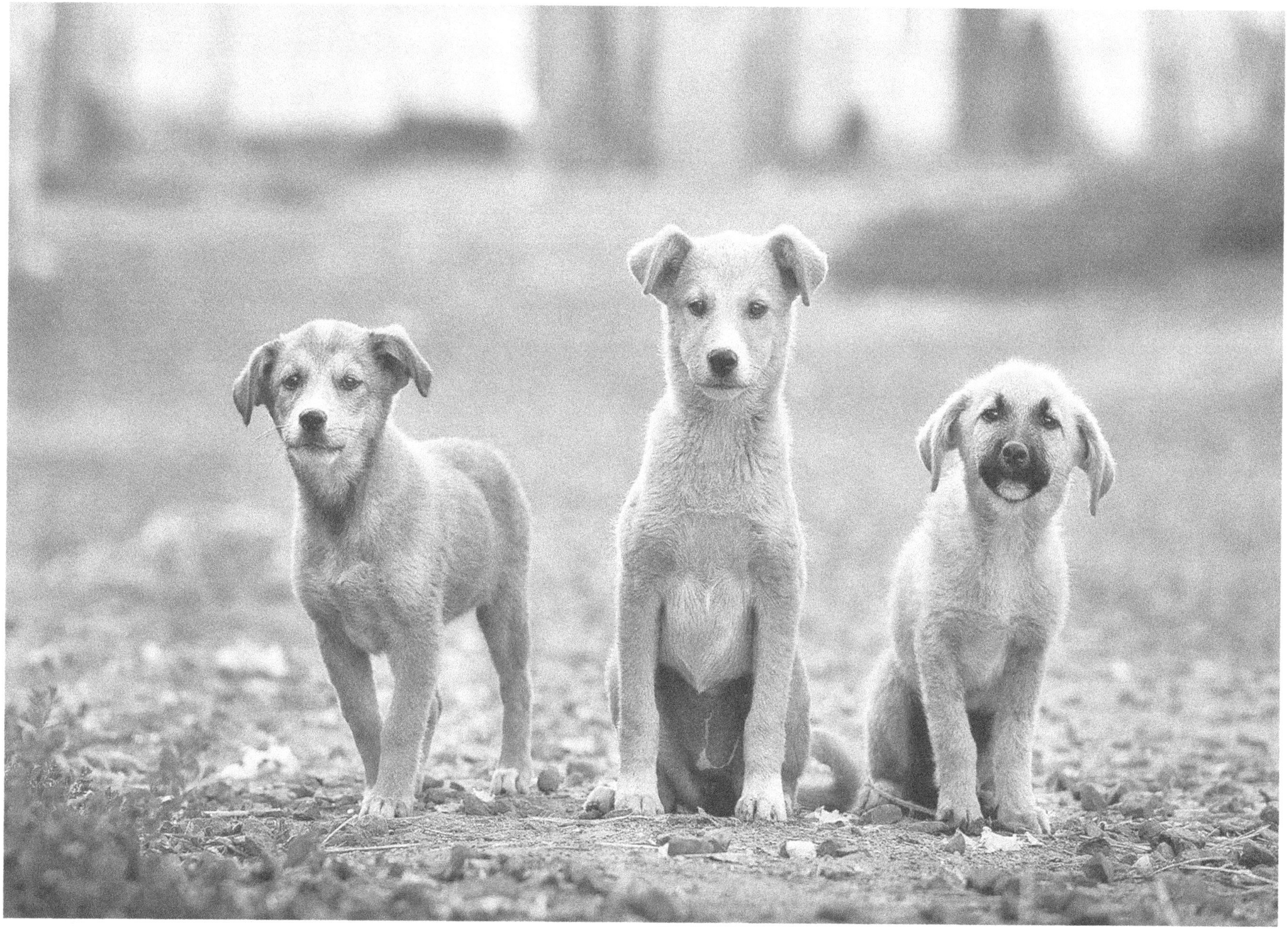

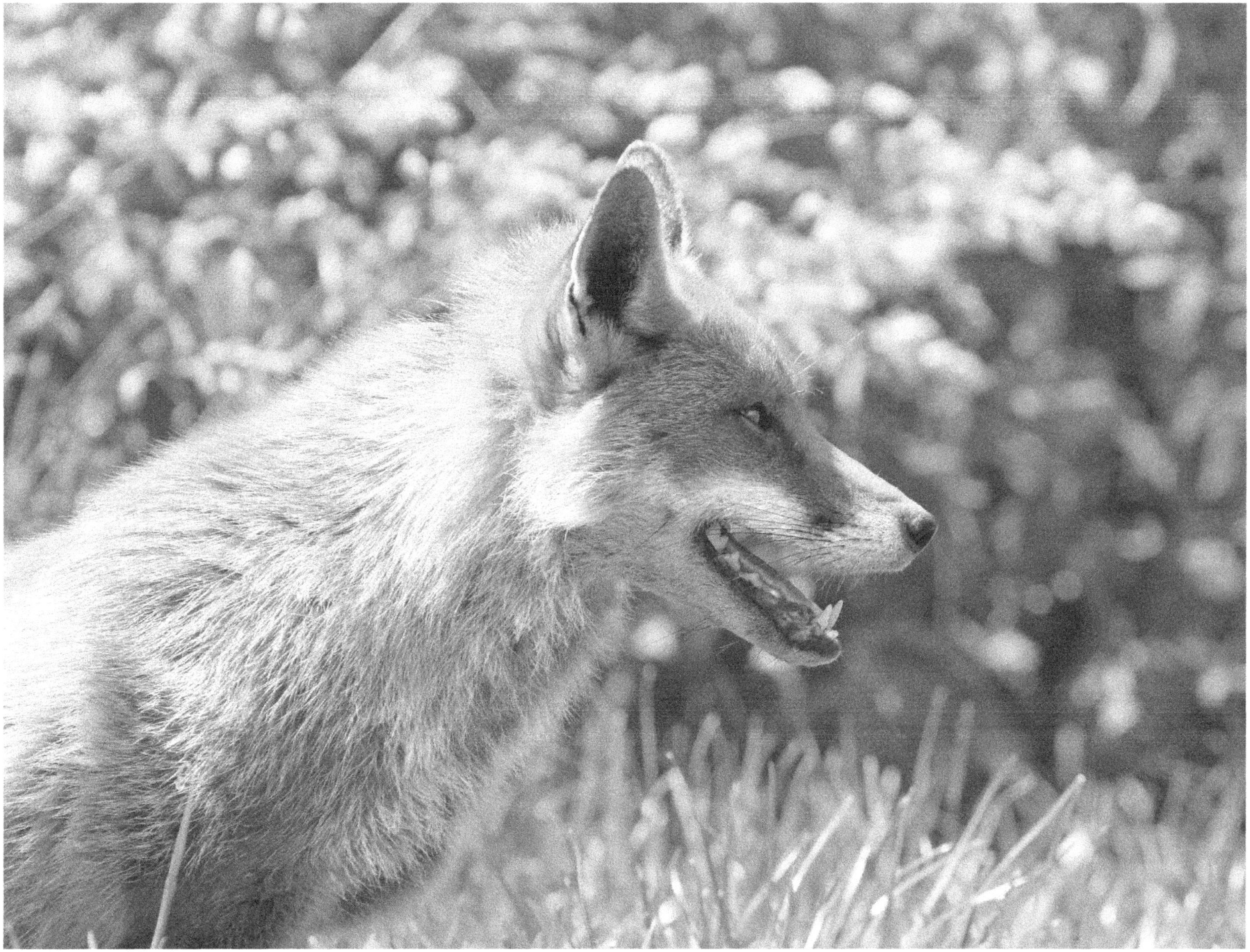

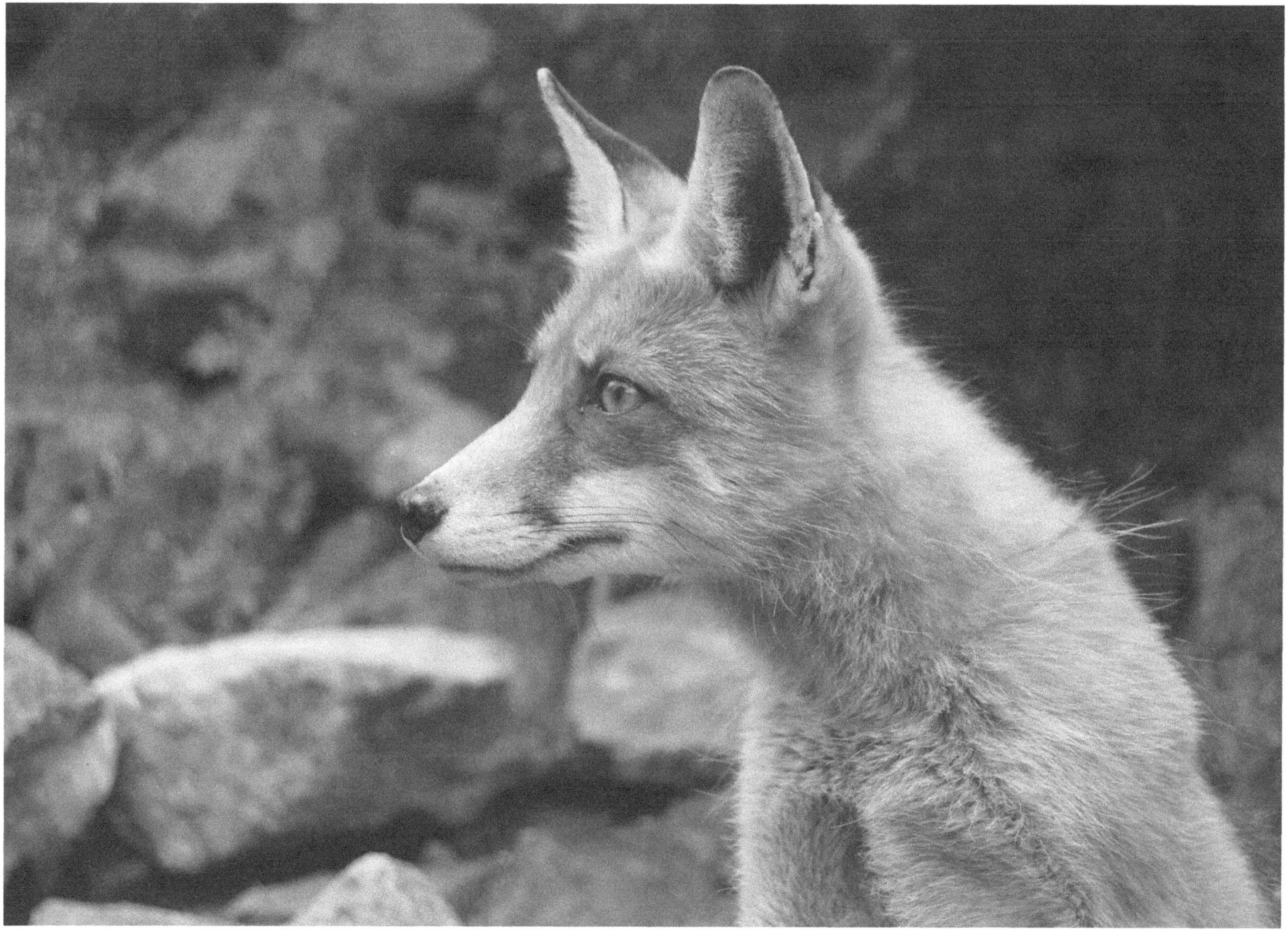

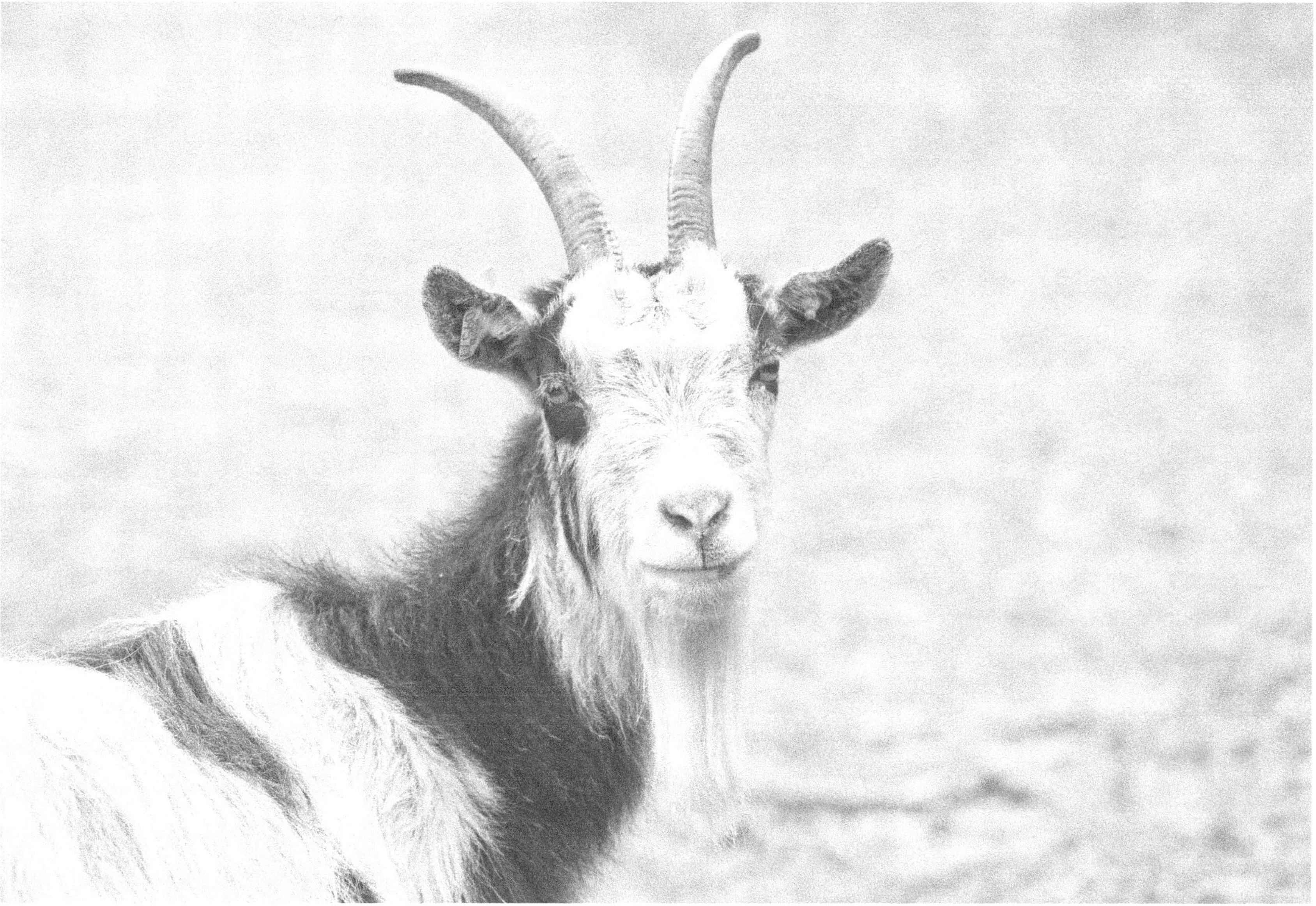

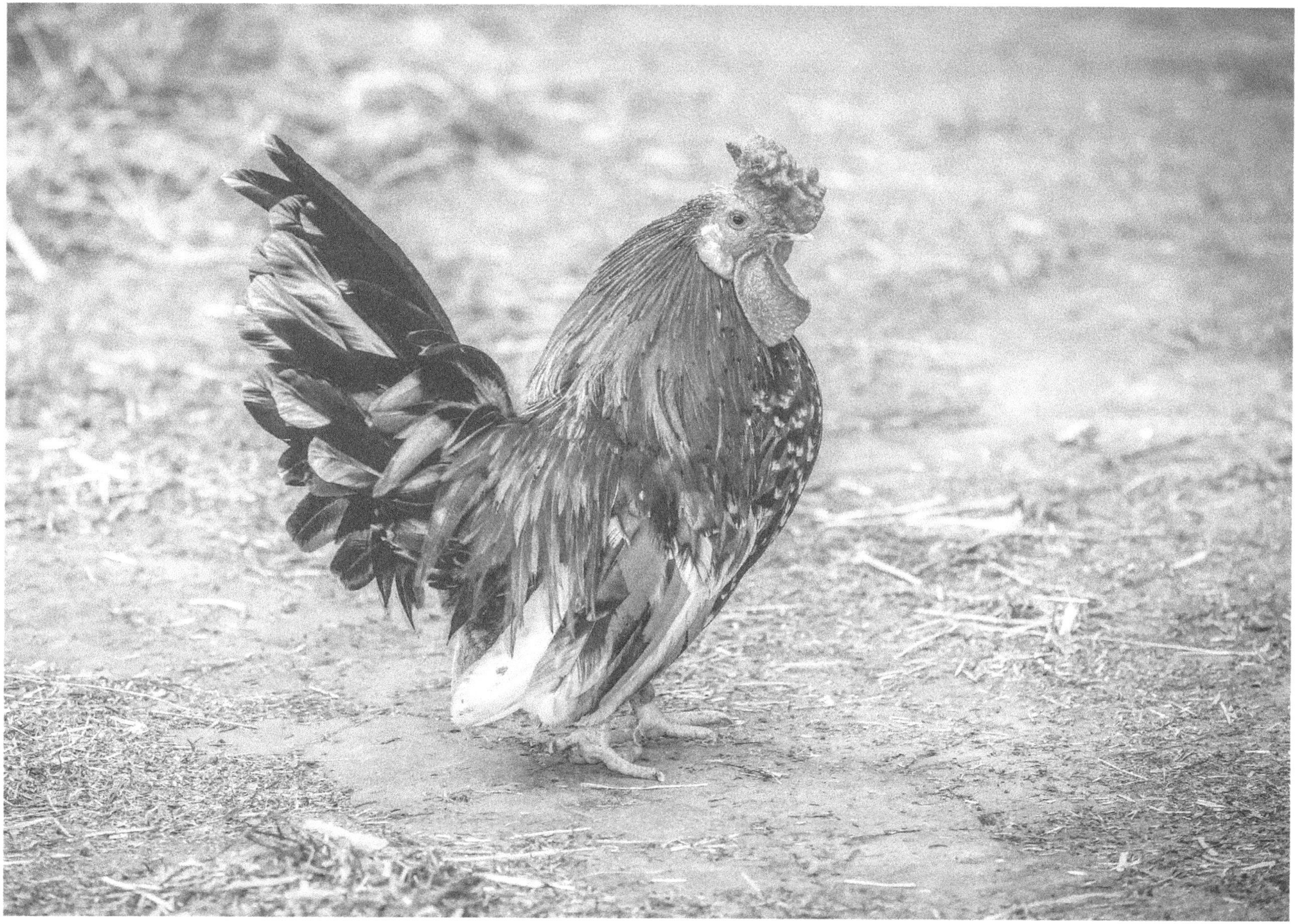

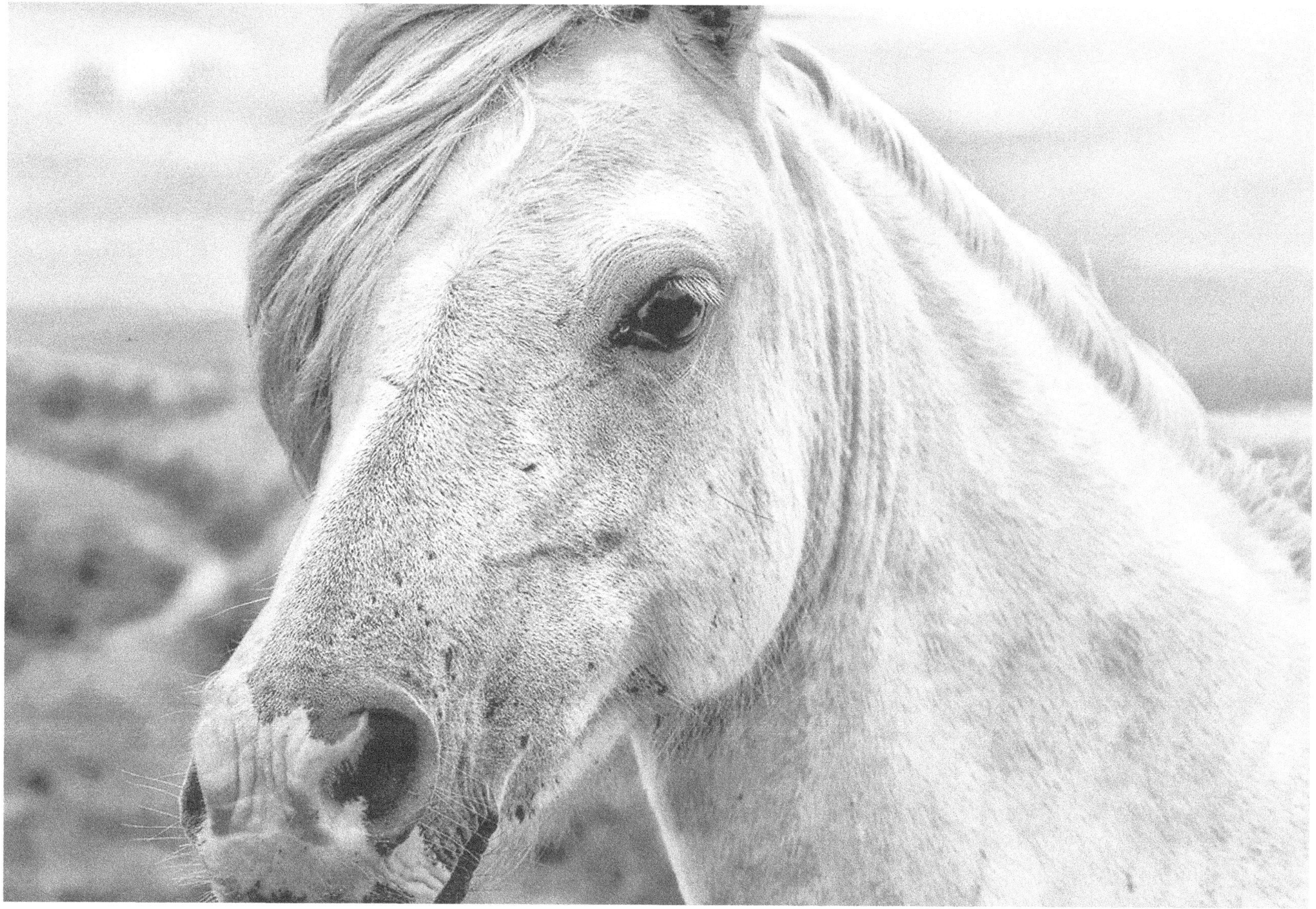

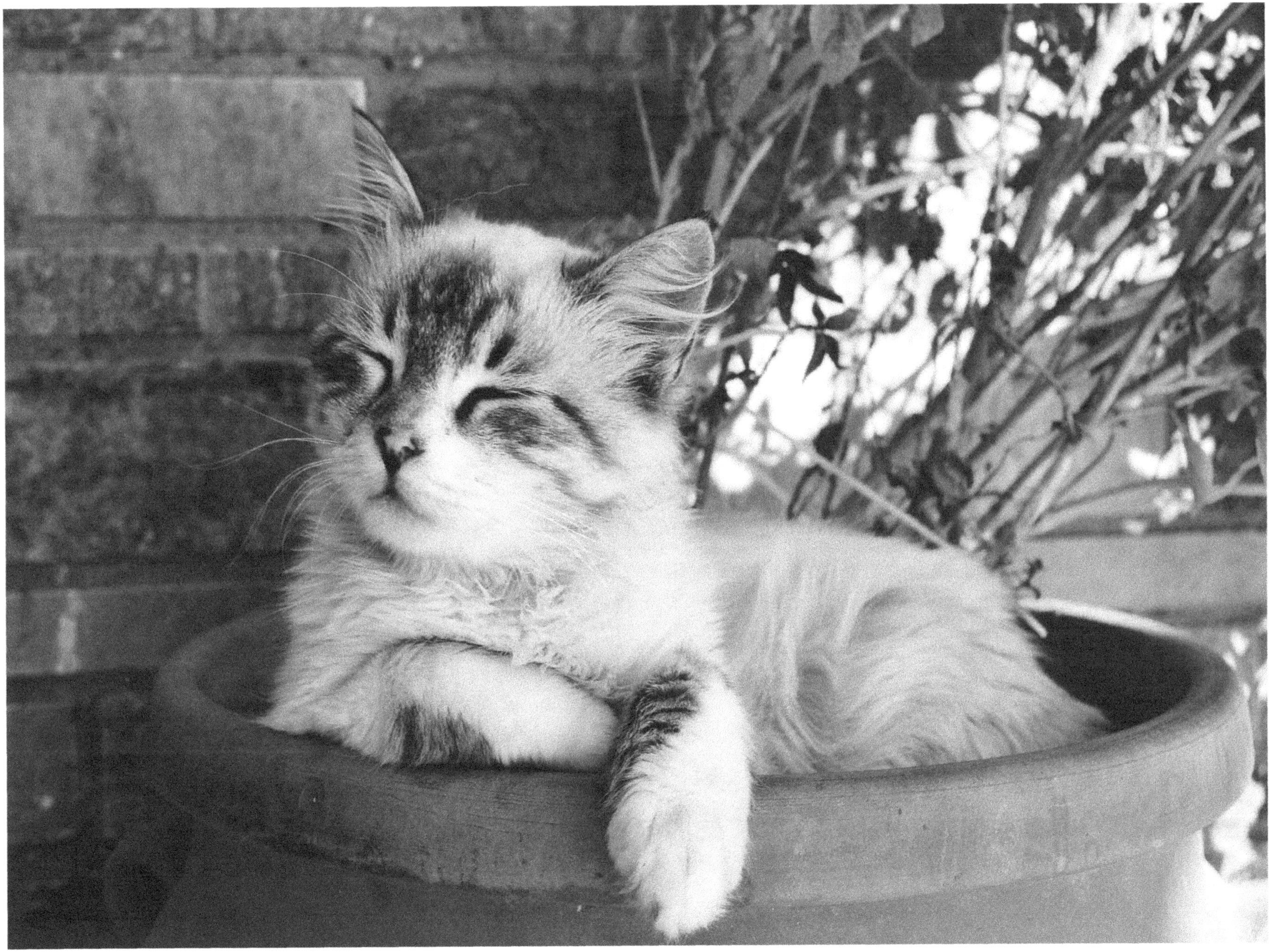

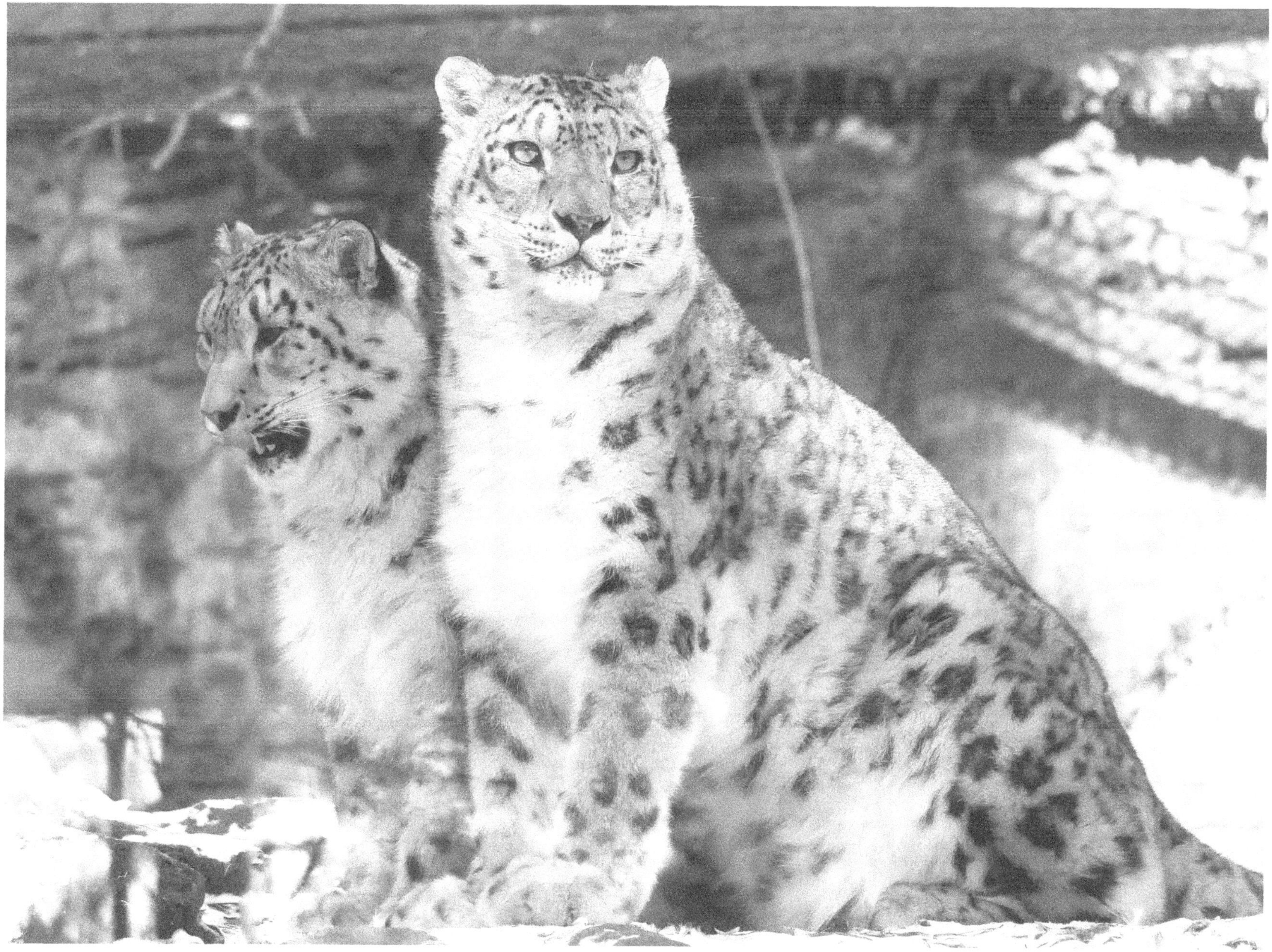

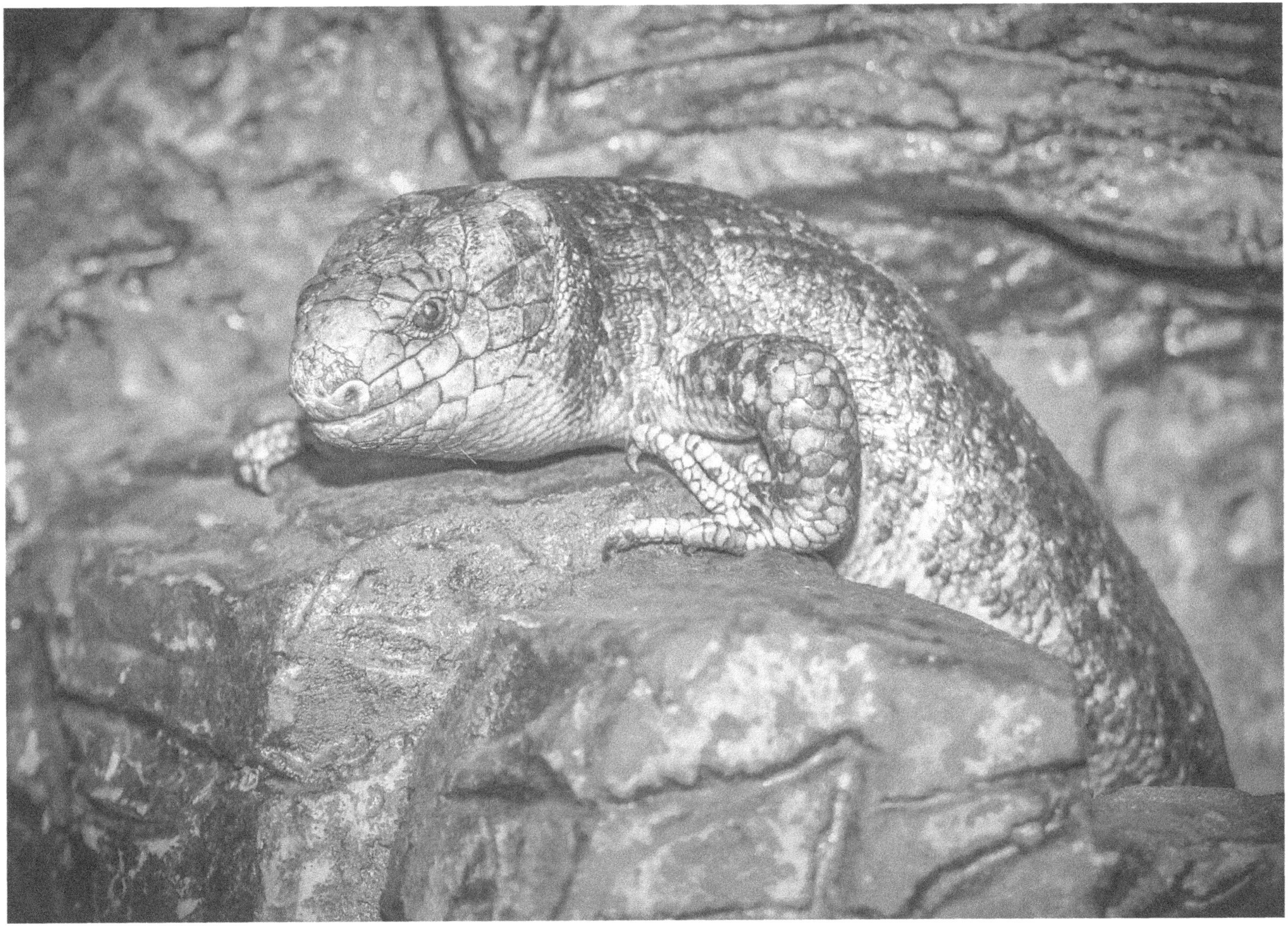

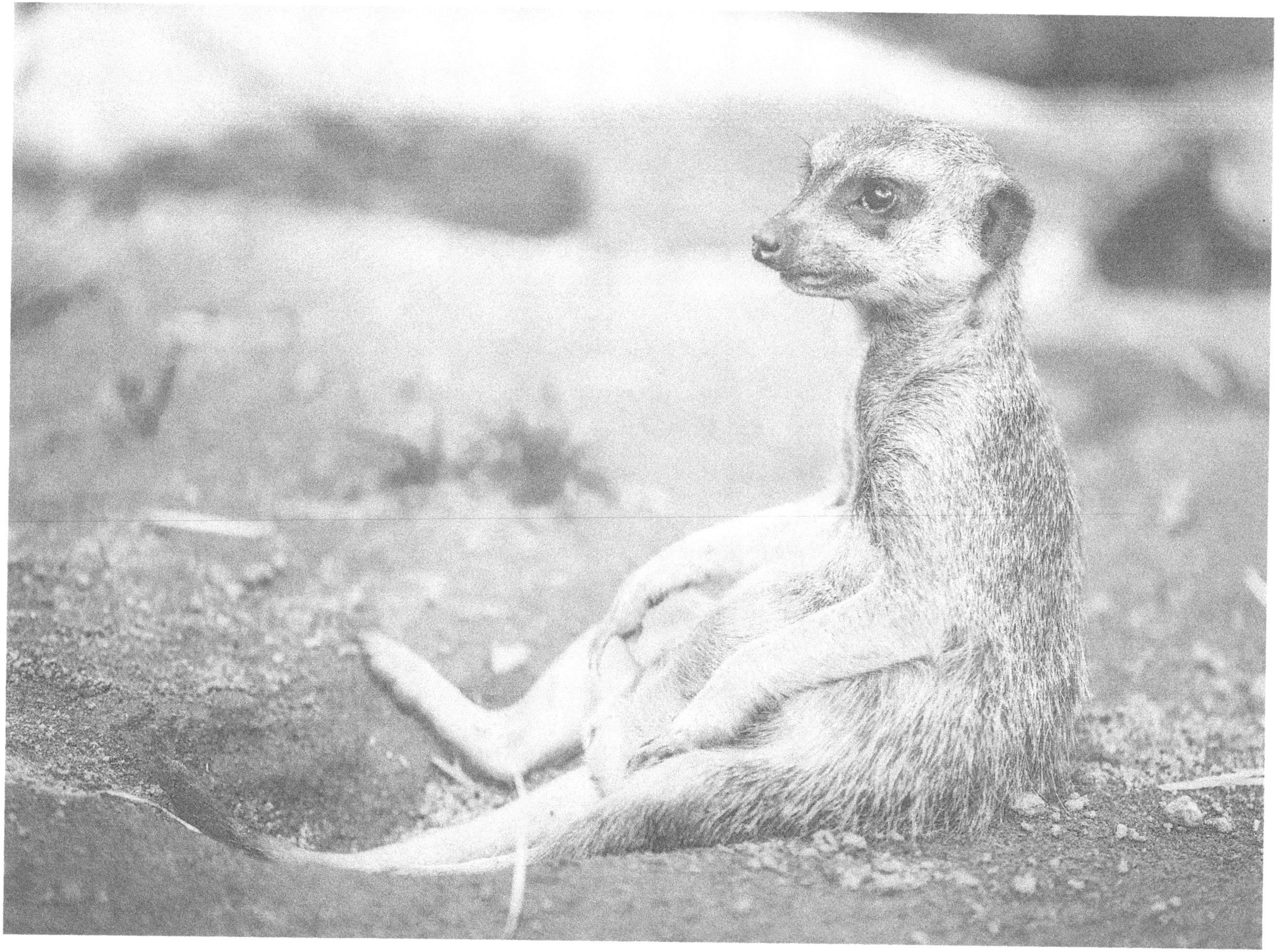

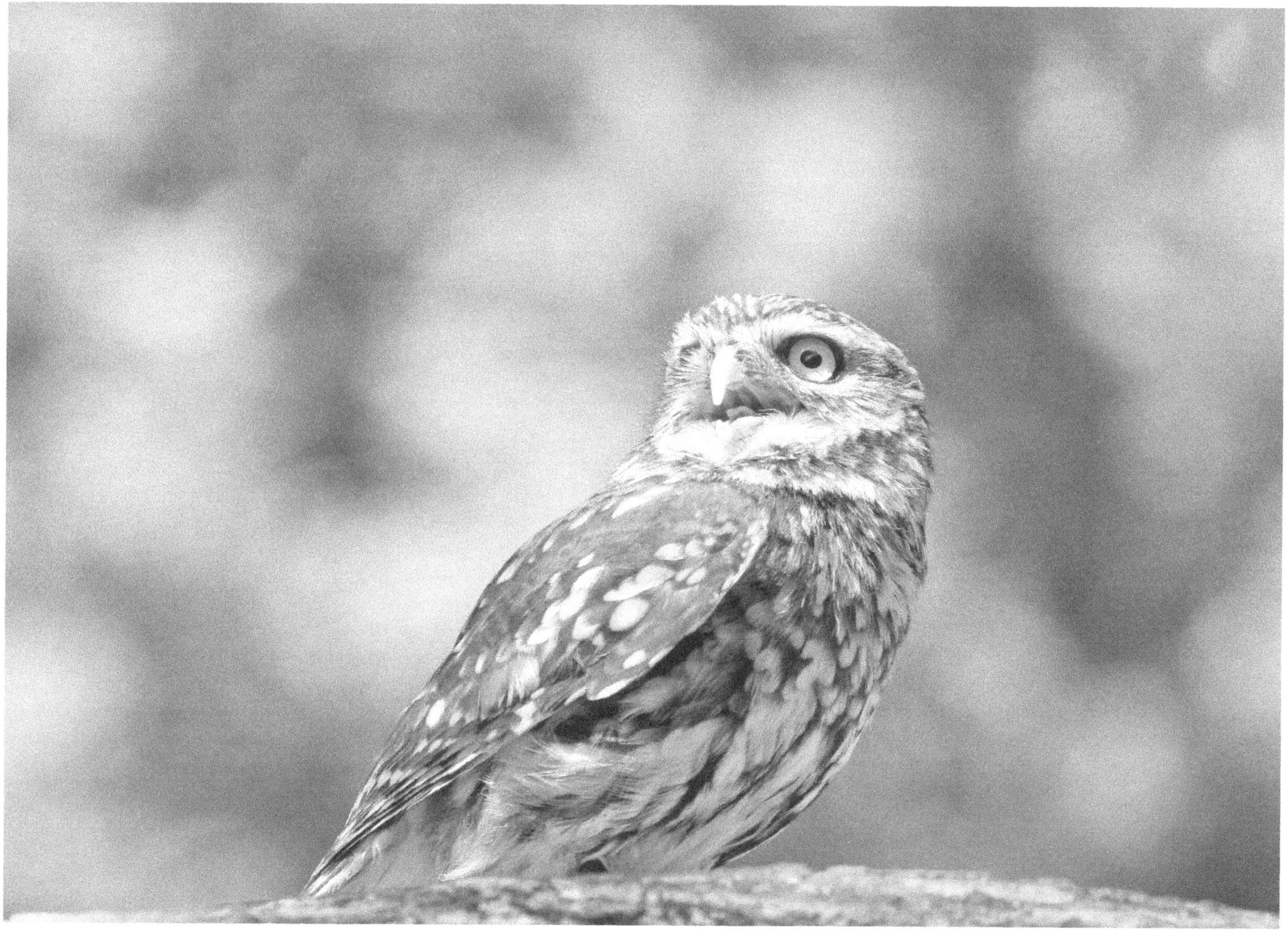

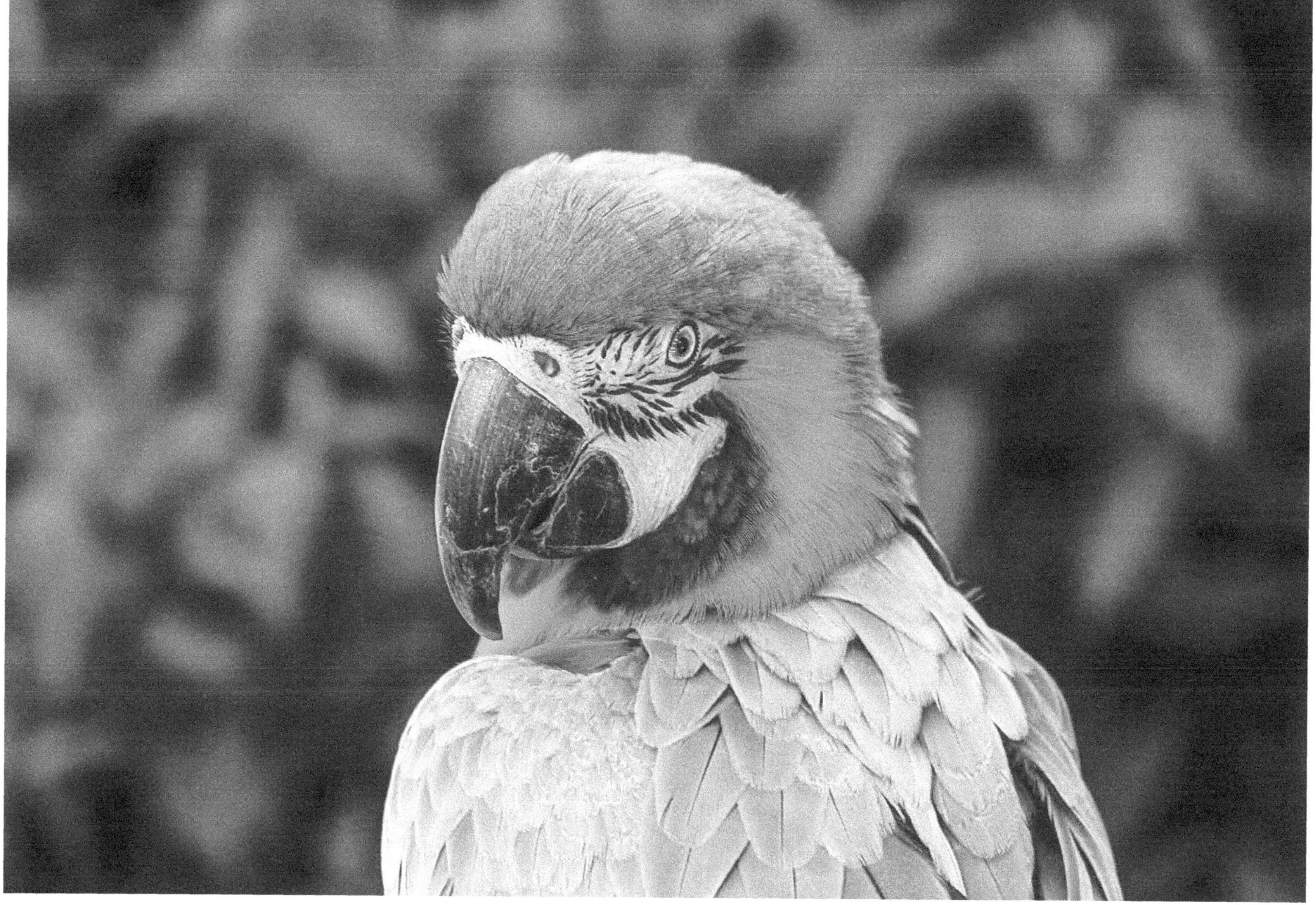

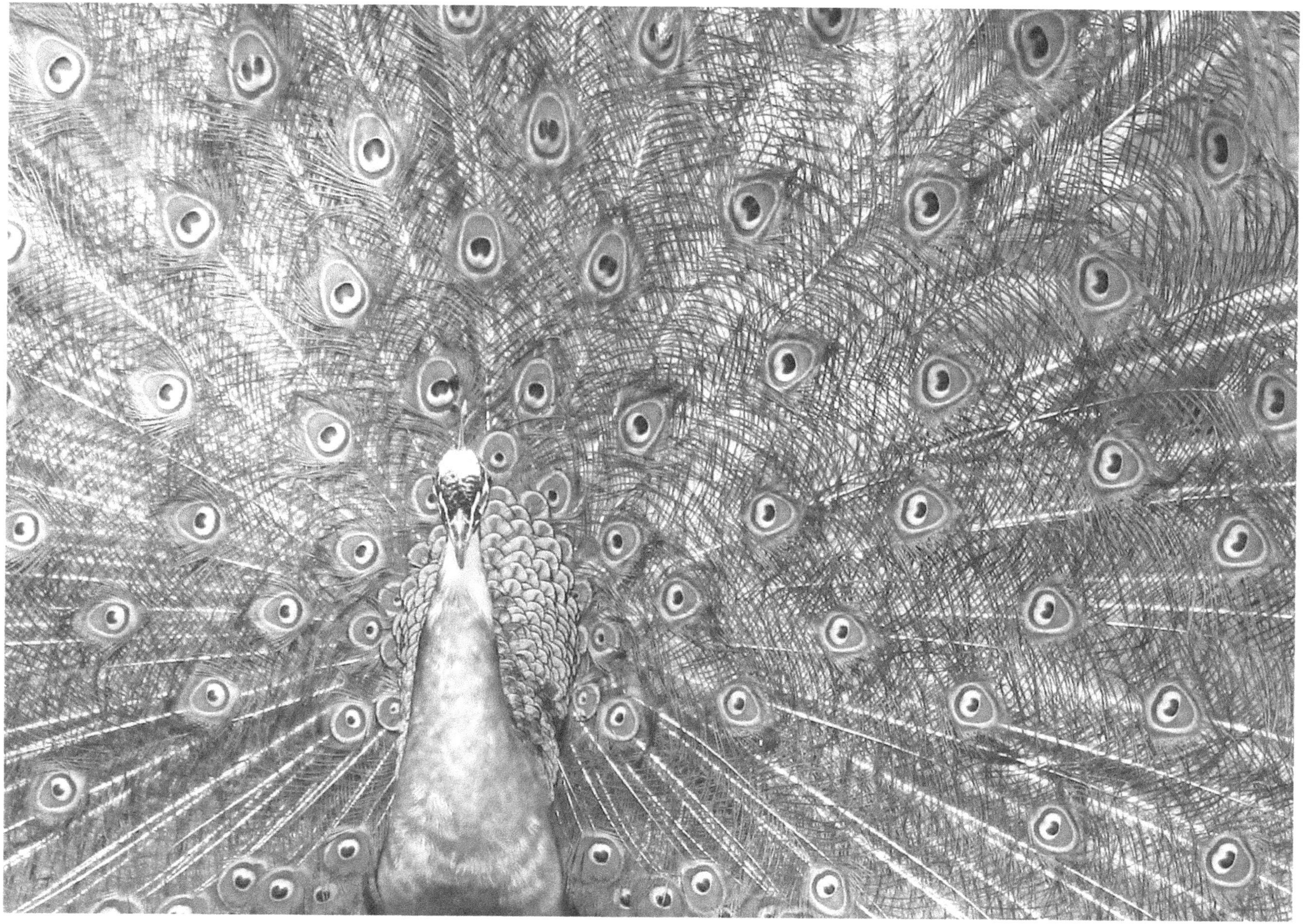

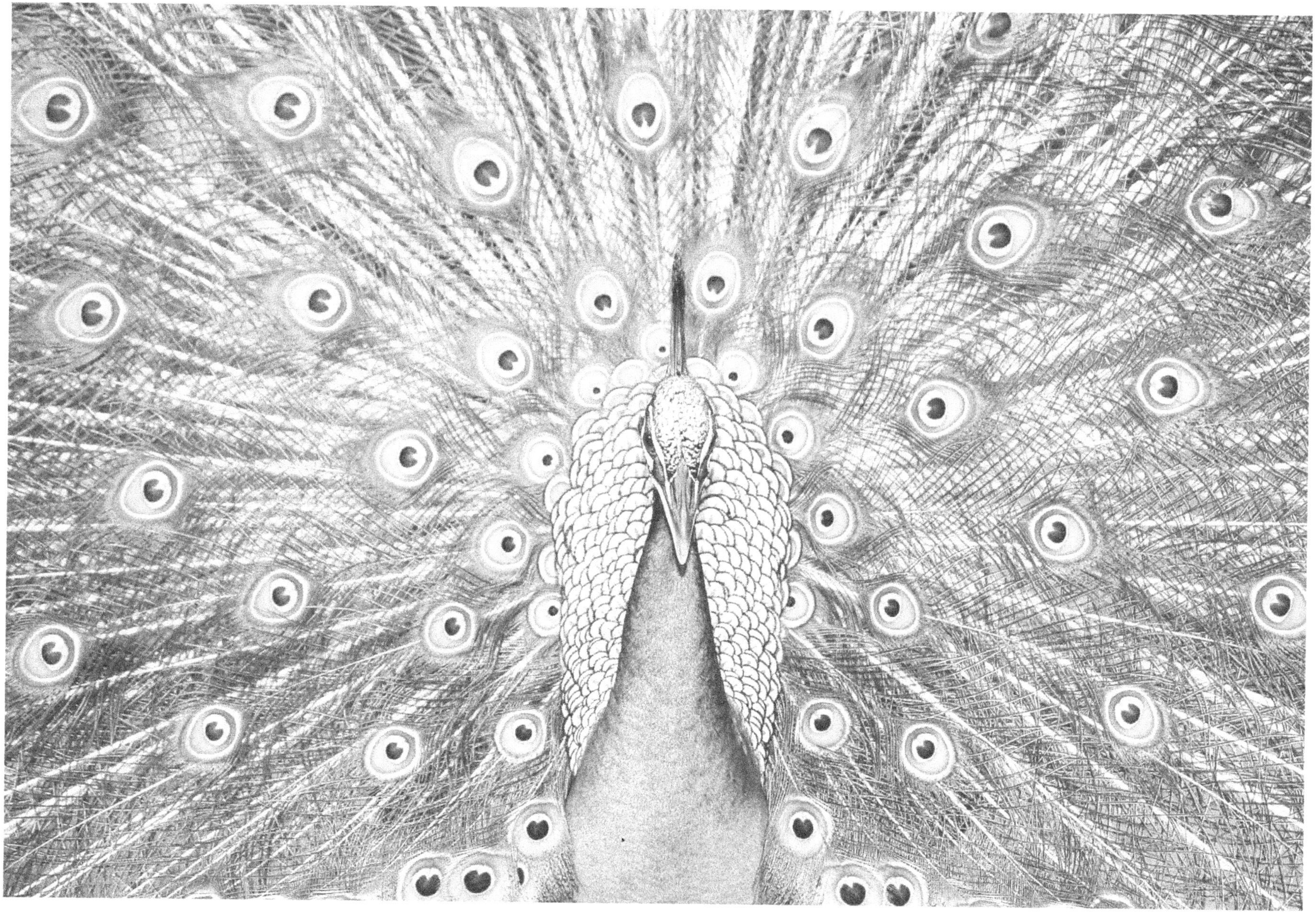

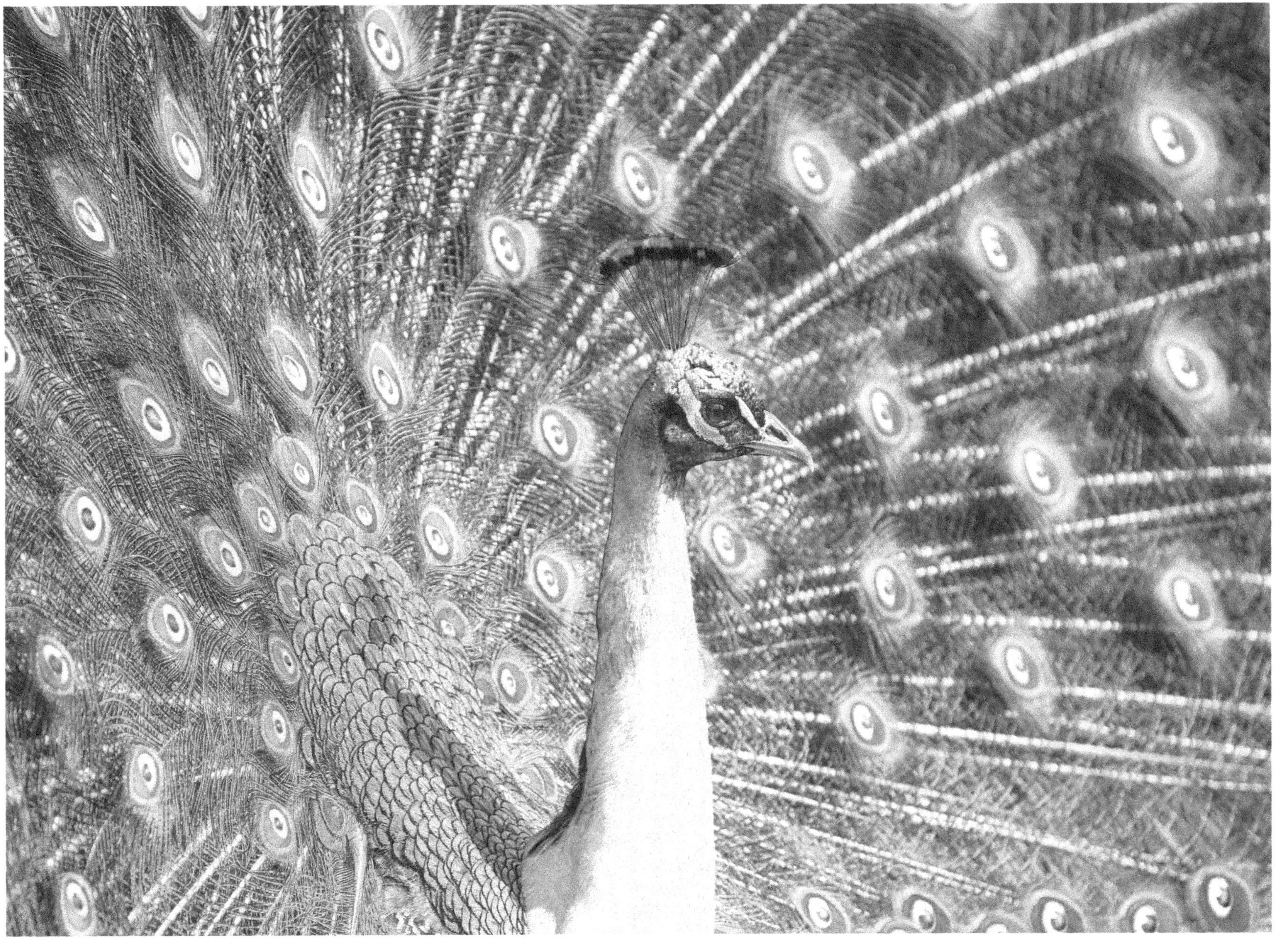

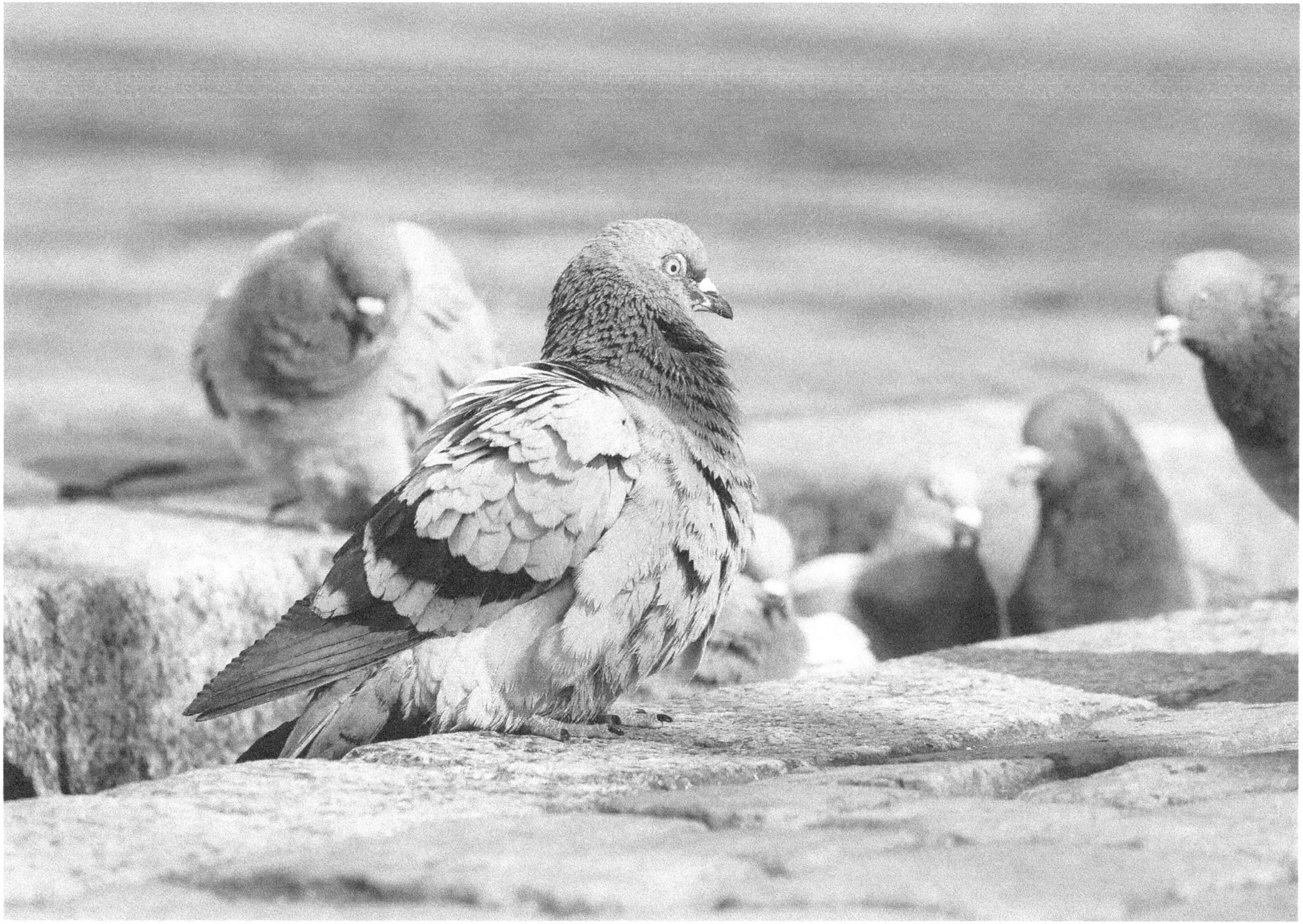

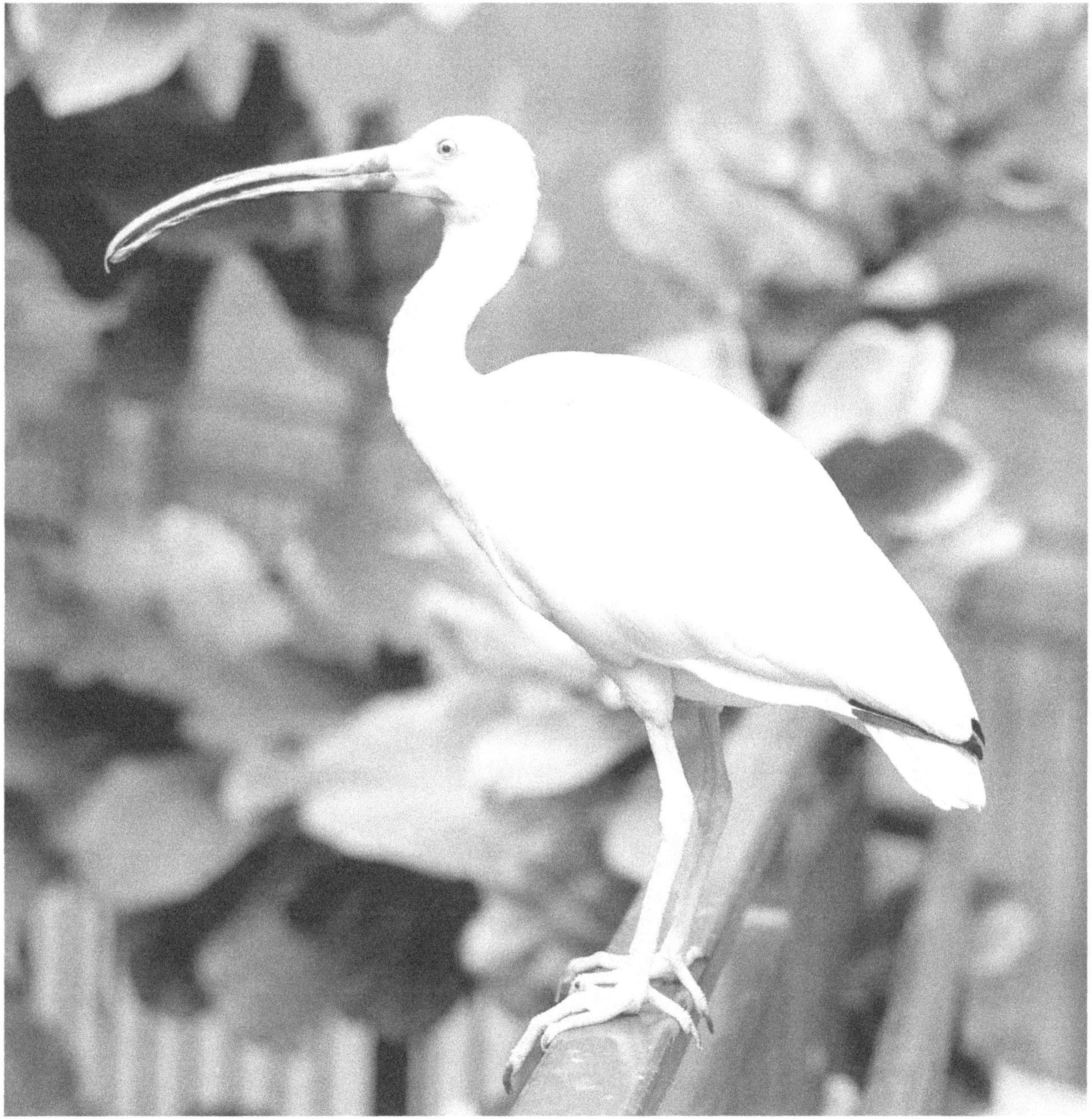

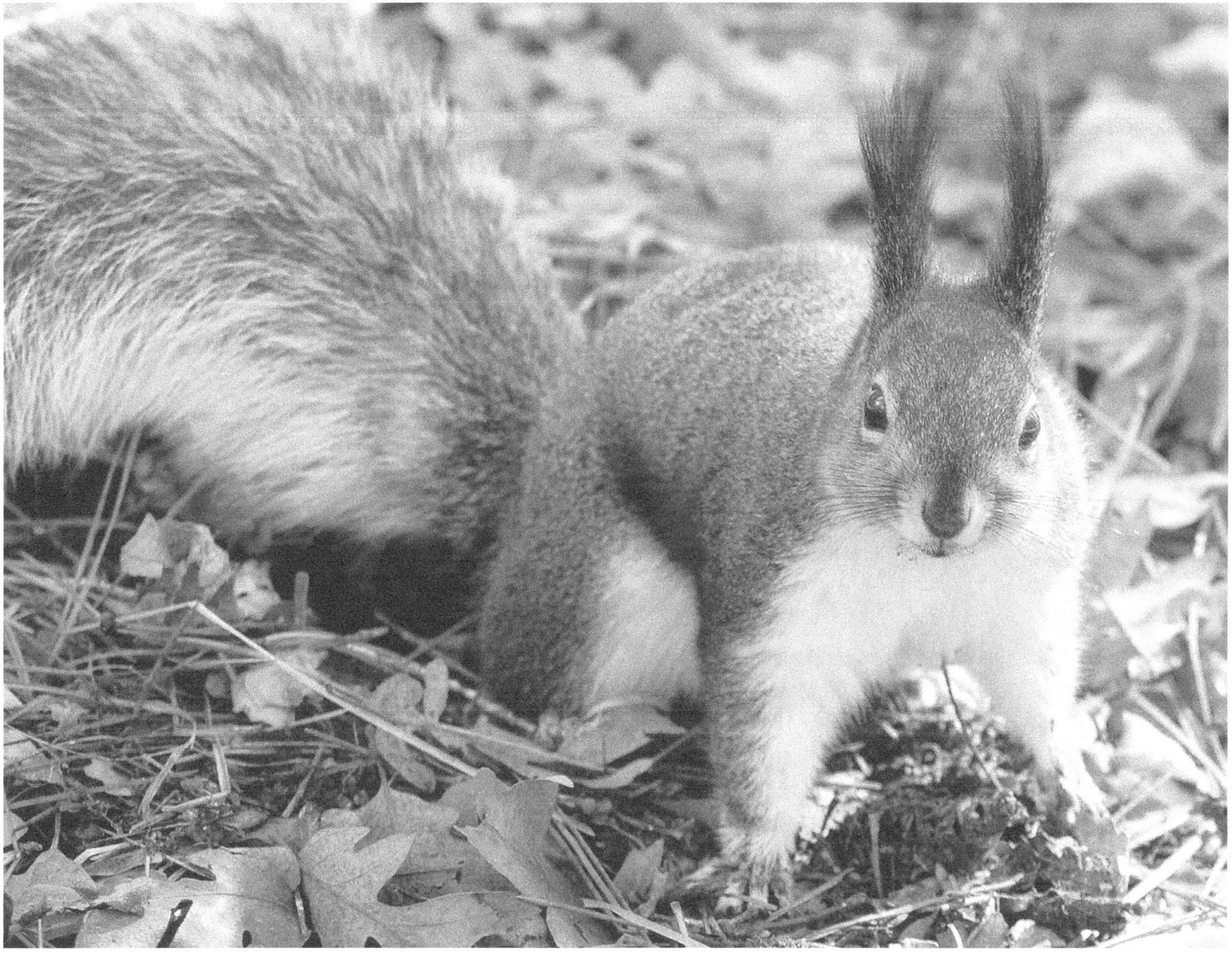

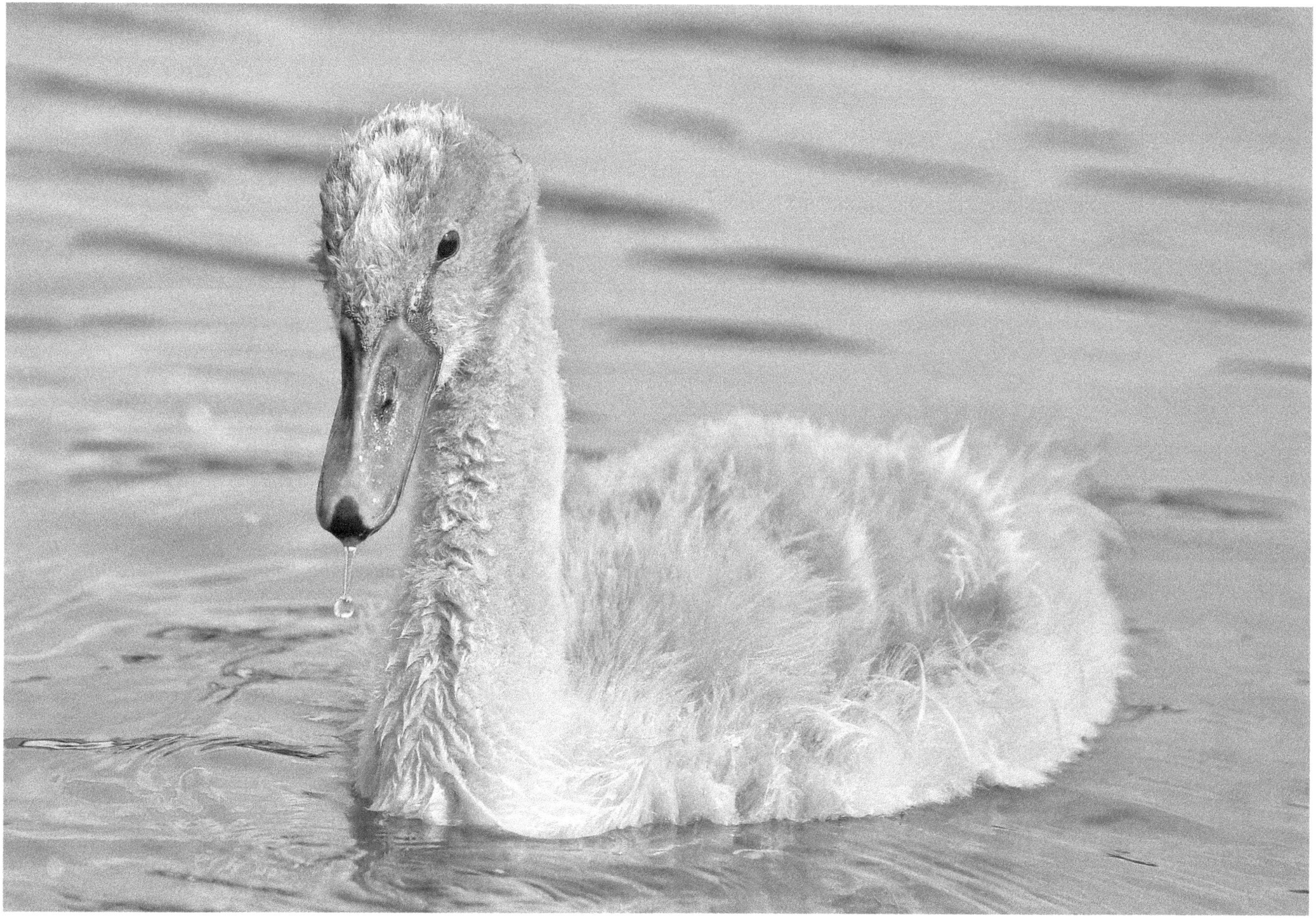

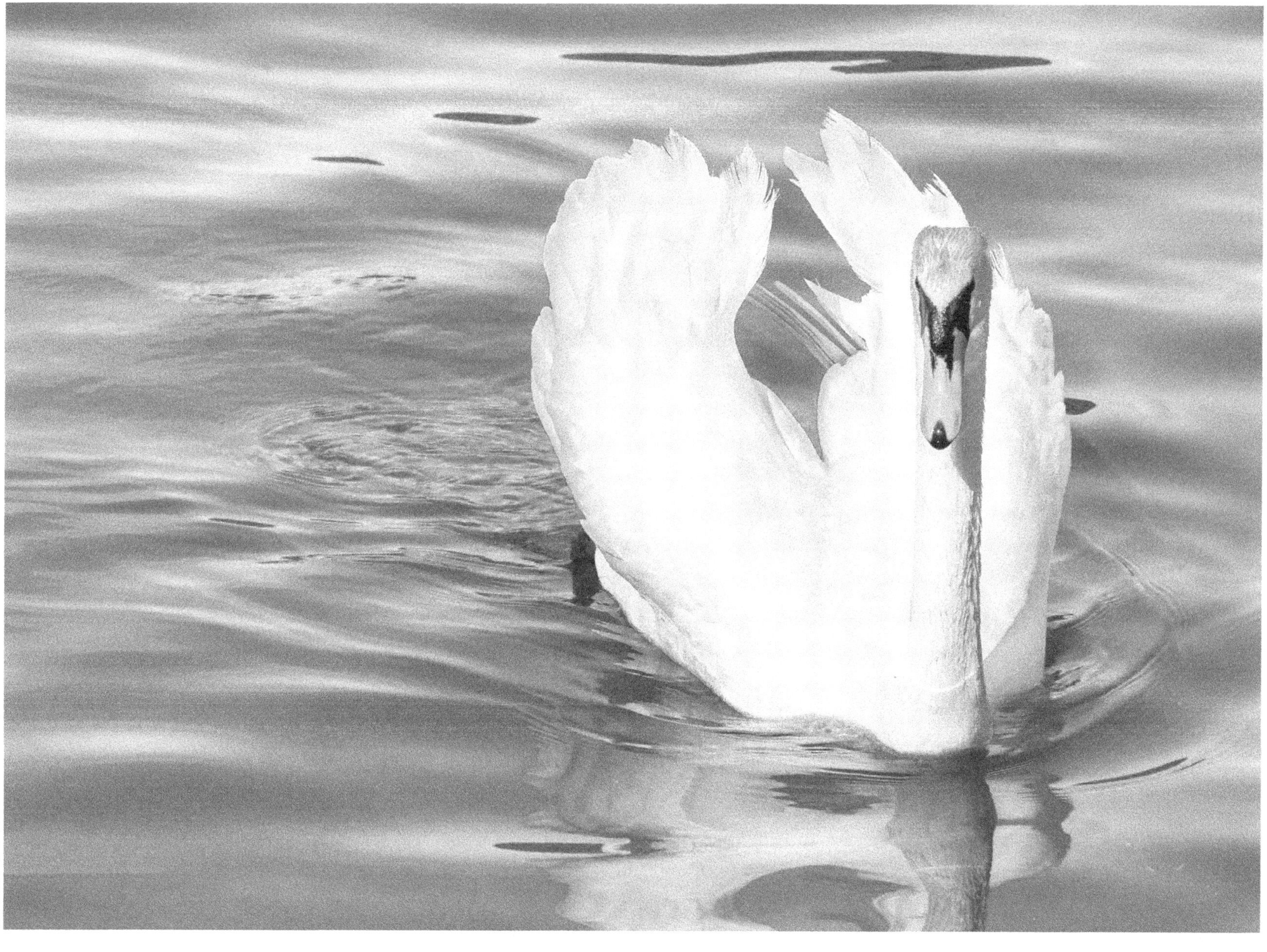

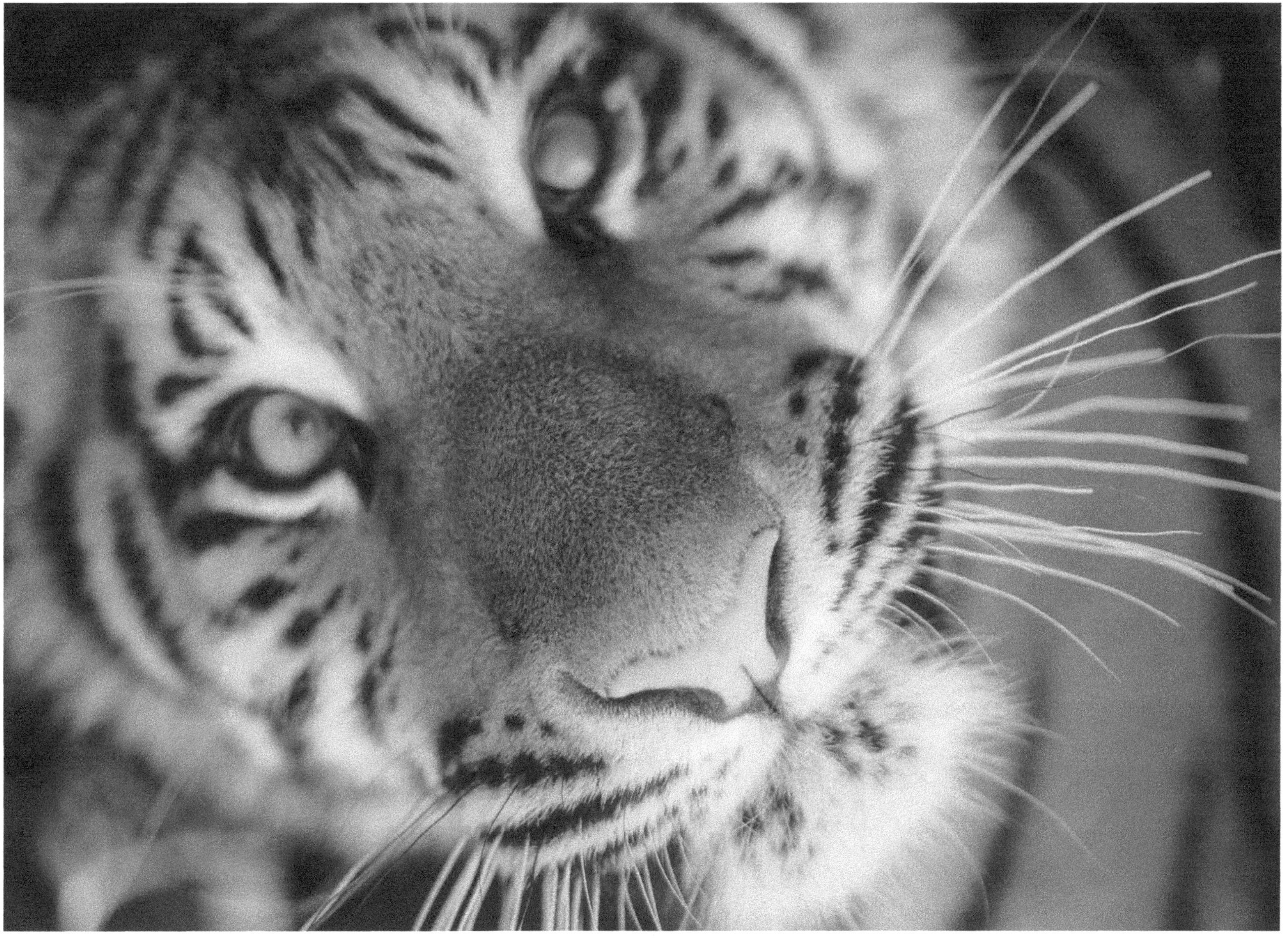

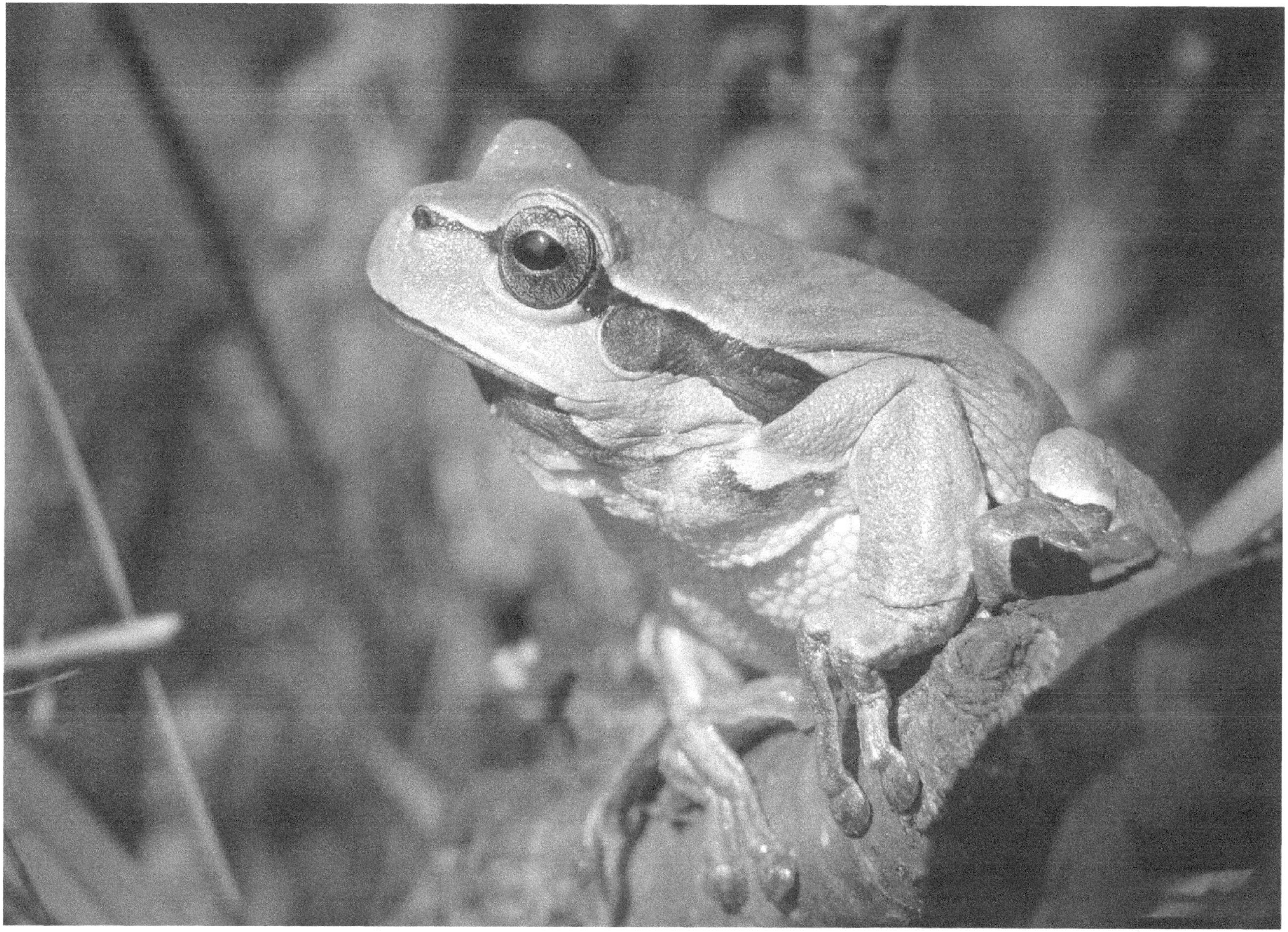

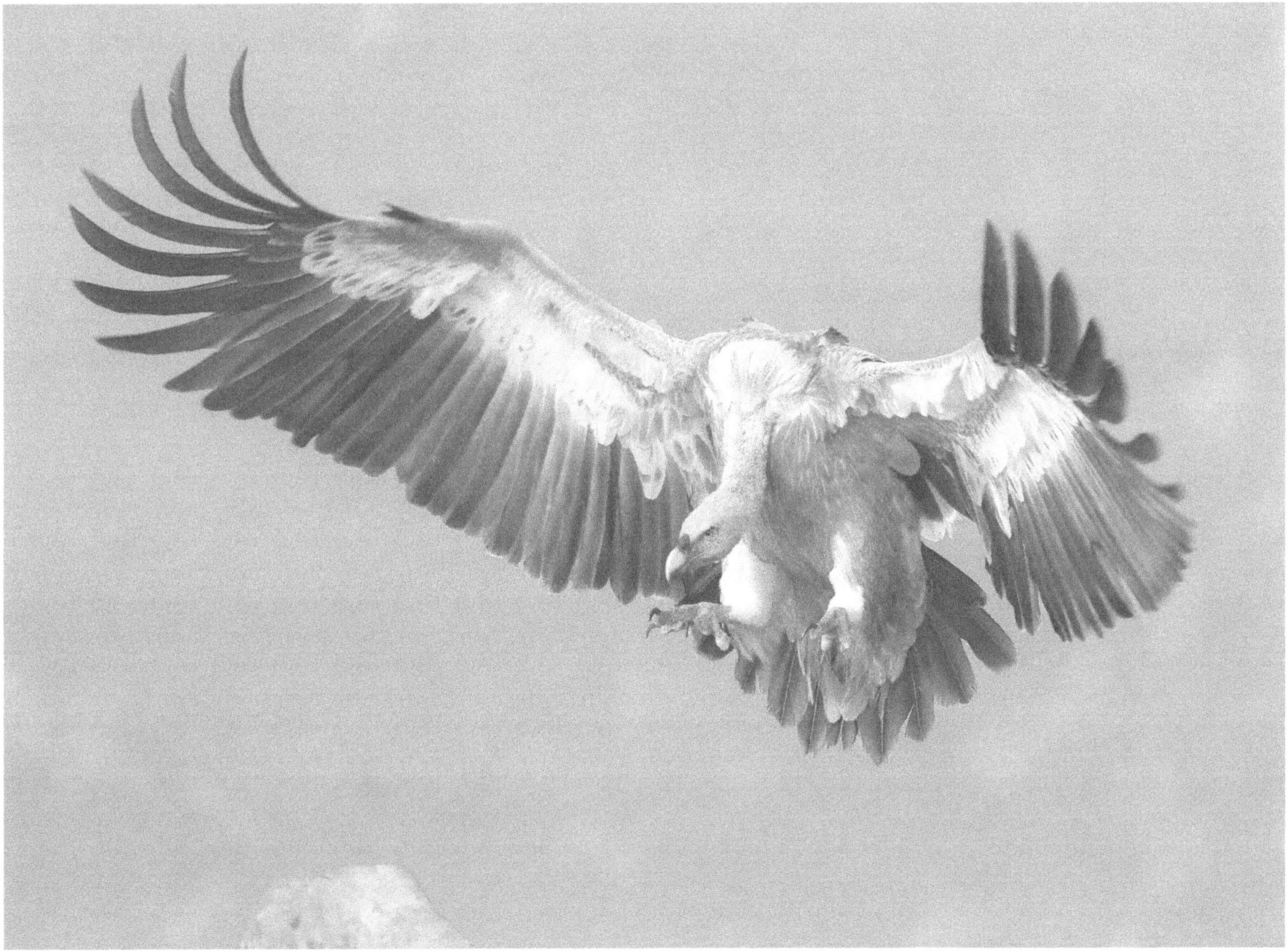

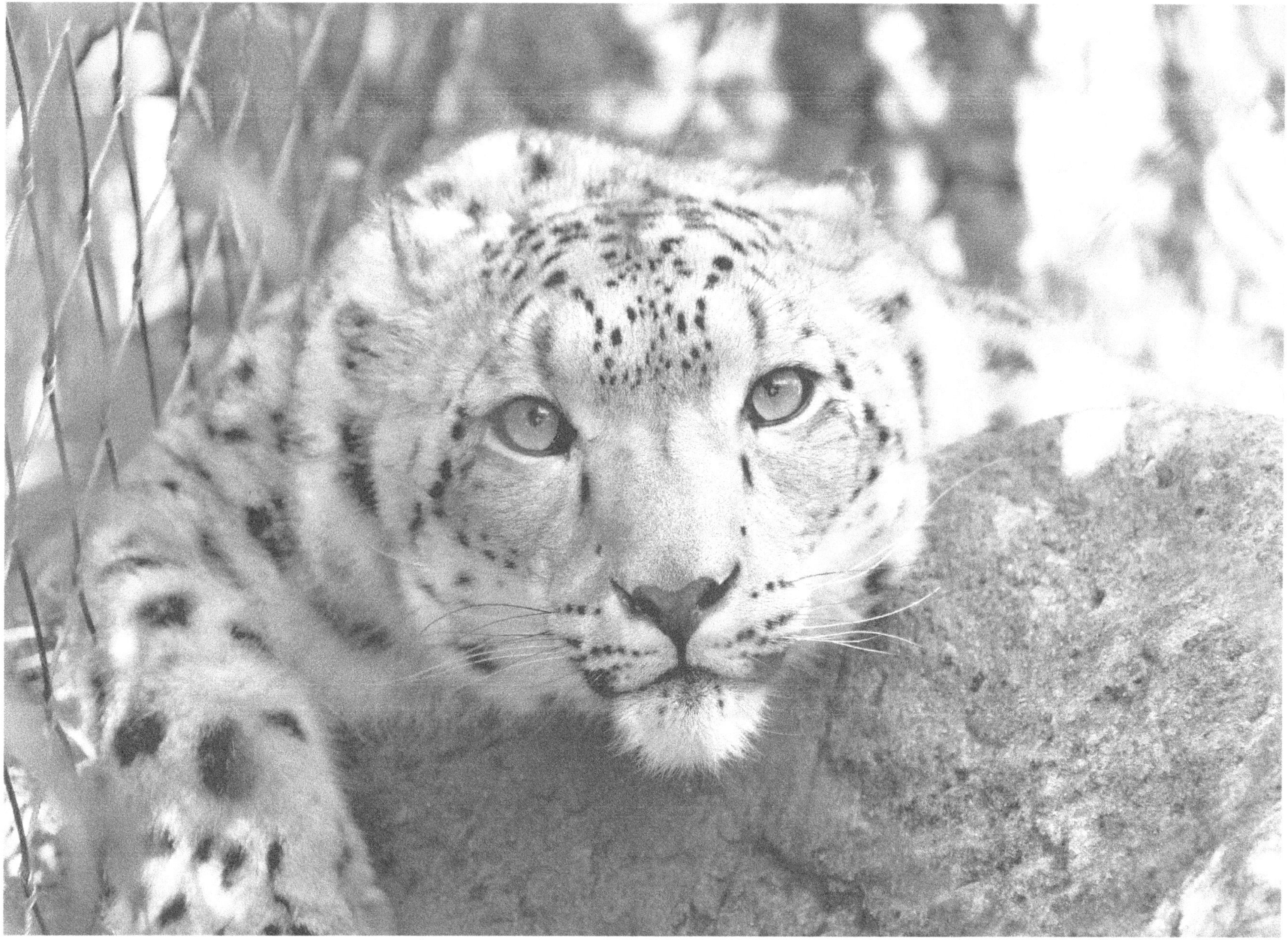

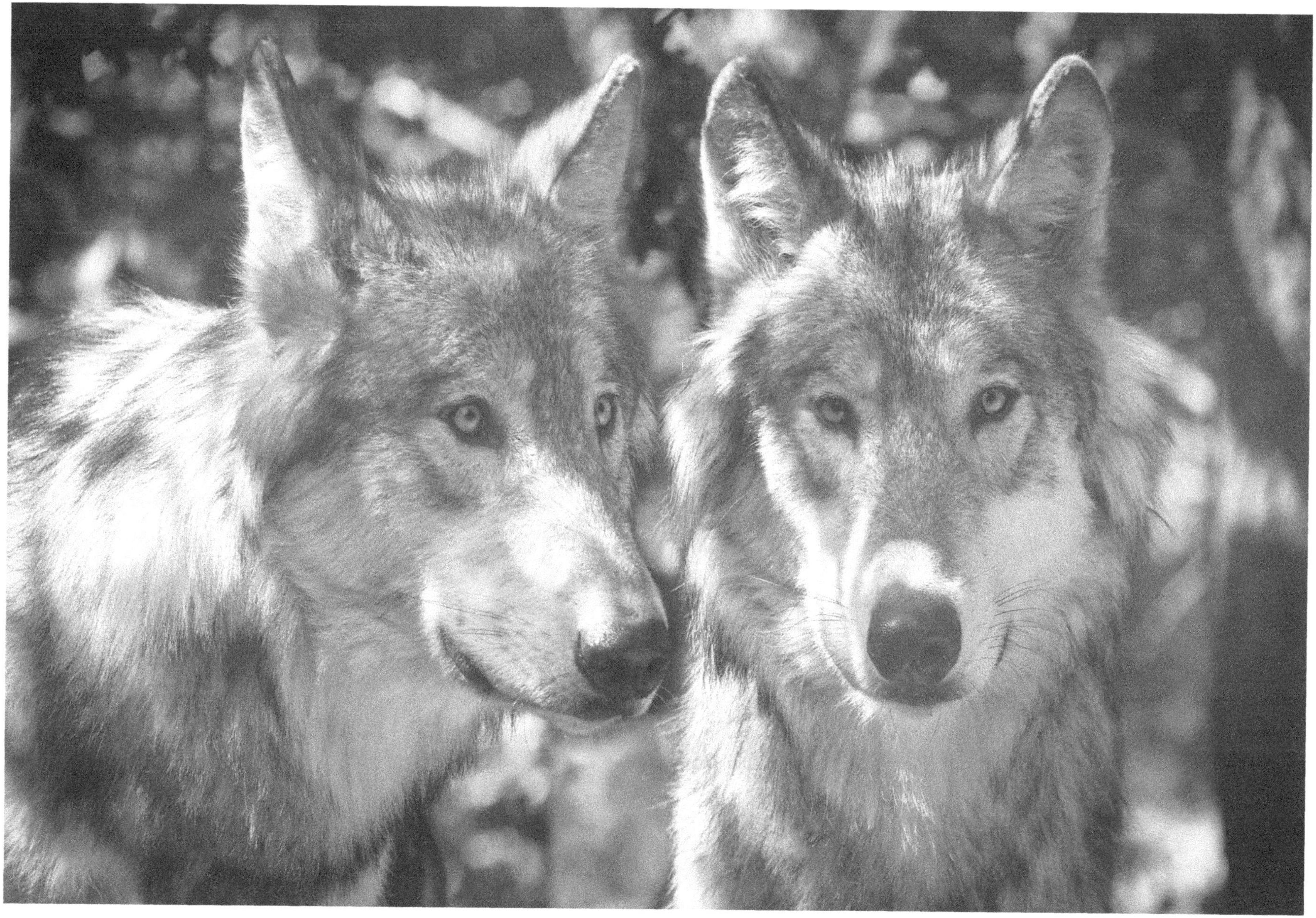

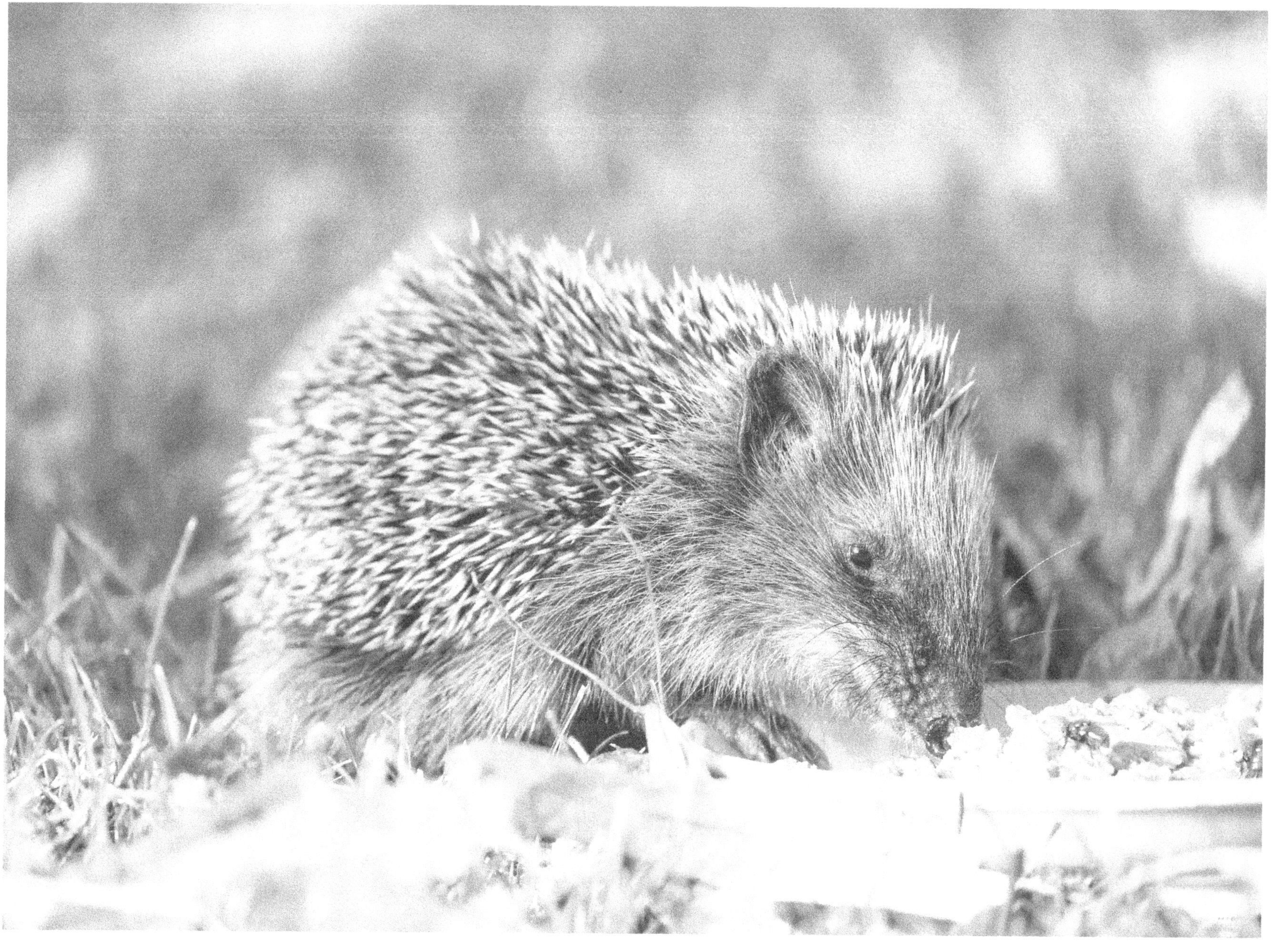

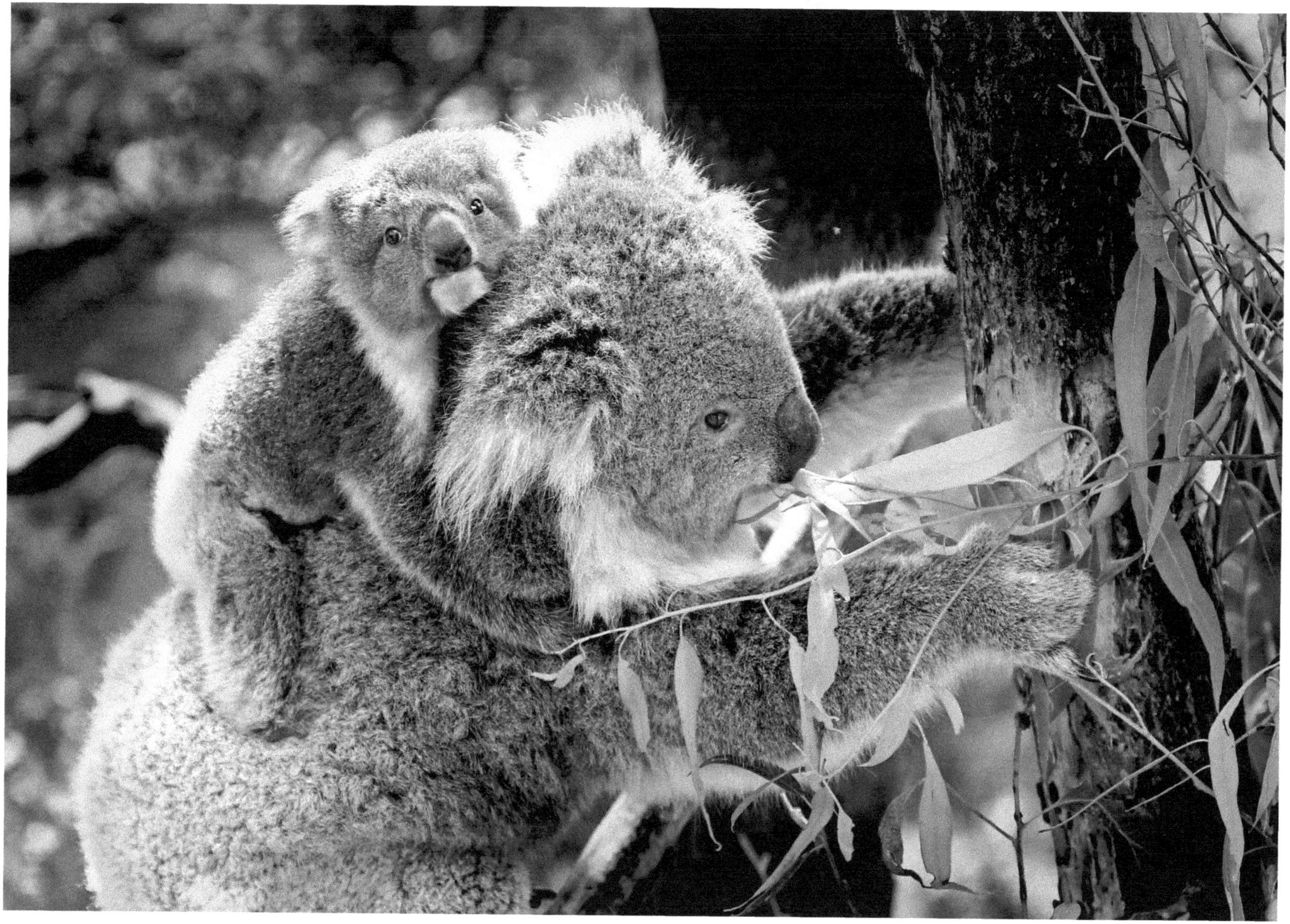

www.ingramcontent.com/pod-product-compliance
Lightning Source LLC
Chambersburg PA
CBHW080602060326
40689CB00021B/4912
* 9 7 8 1 0 9 0 5 6 4 3 6 8 *